Daniel-Pascal Zorn · Einführung in die Philosophie

Daniel-Pascal Zorn

Einführung in die Philosophie

Klostermann **RoteReihe**

Bibliografische Information der Deutschen Nationalbibliothek

Die Deutsche Nationalbibliothek verzeichnet diese Publikation in der Deutschen Nationalbibliografie; detaillierte bibliografische Daten sind im Internet über *http://dnb.dnb.de* abrufbar.

Originalausgabe

© 2018 · Vittorio Klostermann GmbH · Frankfurt am Main
Alle Rechte vorbehalten, insbesondere die des Nachdrucks und der Übersetzung. Ohne Genehmigung des Verlages ist es nicht gestattet, dieses Werk oder Teile in einem photomechanischen oder sonstigen Reproduktionsverfahren oder unter Verwendung elektronischer Systeme zu verarbeiten, zu vervielfältigen und zu verbreiten.
Gedruckt auf Eos Werkdruck von Salzer,
alterungsbeständig ⊚ ISO 9706 und PEFC-zertifiziert.
Satz: post scriptum, www.post-scriptum.biz
Druck und Bindung: Hubert & Co., Göttingen
Printed in Germany
ISSN 1865-7095
ISBN 978-3-465-04300-3

Inhalt

Einleitung 7
Ein Garten der Pfade, die sich verzweigen 9
Philosophie *als* Einführung 11
Philosophische Lektüre 13
Philosophisches Gespräch 14
Philosophisches Schreiben 15

Teil I – Philosophische Lektüre 19
Zeitdiagnostischer Exkurs: Die produktive Universität 21
Lesenlernen – noch einmal 24
Zu viel, nicht zu wenig Wissen ist das Problem! 26
Einklammern von Voraussetzungen 28
Der Dialog von Leser und Text 29
Aller Anfang ist schwer 31
Dreizehn Tipps zur Lektüre philosophischer Texte 33
Keine Angst vor dem ›Hauptwerk‹ 45
Lektüreinsichten und Analysemethoden 50
Kontextgebundene Lektüre 51
Systematische Lektüre 54
Textimmanente Lektüre 56
Die Verantwortung für den Text 60
Kung Fu 62

Teil II – Philosophisches Gespräch ... 65

Von Sokrates lernen ... 68
Die soziale Situation und das Denken des Alltags ... 69
Wie man eine ›kritische Haltung‹ einnimmt ... 71
Kritisches Denken – Schritt für Schritt ... 72
Im Maschinenraum des Denkens ... 77
Die Vielfalt der Meinungen ... 78
Erste Unterscheidung: Person und Argument ... 79
Zweite Unterscheidung: Haben und Gelten ... 80
Die ersten Schritte in einer Diskussion ... 82
Gladiatoren oder Philosophen? ... 84
Fünf Tipps für die philosophische Diskussion ... 86
Die Familie der Diskurskulturen ... 89
Information, Kommunikation und Diskursethik ... 92
Fallen der Selbsttäuschung ... 95
Sophisten und Trolle ... 98
Eine Praxis der Freiheit ... 100

Teil III – Philosophisches Schreiben ... 105

Das leere Blatt ... 108
Den Gedanken Raum geben: Schreiben als Labor und Werkstatt ... 111
Was ist ein Problem? ... 113
Das Exzerpt ... 116
Fragen und Thesen ... 118
Die Gedanken anderer darstellen ... 119
Flexibel bleiben ... 121
Von der Notiz zur Präsentation ... 123
Der Dialog von Text und Leser ... 129
Übung, Übung, Übung – und Spazierengehen! ... 130

Nachwort ... 133

Einleitung

Wer sich zum ersten Mal mit Philosophie beschäftigt, sieht sich vor ein Problem gestellt. Philosophie, so will es eine Übersetzung[1] des Begriffs, ist Liebe zur Weisheit. Ihr Versprechen ist, so scheint es, das Erringen von Weisheit oder zumindest die Annäherung an ein höheres Wissen. Ermutigt durch dieses Versprechen nimmt der Leser oder die Leserin den Text eines großen Philosophen – sagen wir Aristoteles, Kant oder Hegel – zur Hand. Doch was er oder sie dort findet, ist keine Verkündigung eines höheren Wissens. Stattdessen: Endlose Textwüsten, schwer verständlich geschrieben, eine verwirrende Vielzahl von Begriffen, die einem vage bekannt vorkommen, aber teilweise ganz anders verwendet werden, als man es gewohnt ist. Enttäuscht lässt man den Text sinken. Das soll die große Weisheit sein, die einem versprochen wurde? Man versteht ja noch nicht einmal, was diese Leute schreiben, geschweige denn was sie einem damit sagen wollen. Lange bevor man versteht, was ein philosophisches Problem sein könnte, erscheint einem der Zugang zur Philosophie selbst als Problem.

Es gibt verschiedene Wege, mit dieser anfänglichen Krise in der Lektüre philosophischer Texte umzugehen. Die einen verabschieden sich ganz von ihr und bilden sich ihre Meinung über sie: Philosophie ist unverständlich, weltfremd und darum für den Alltagsgebrauch nutzlos. Weil man nichts mit ihr anzufangen weiß, erscheint sie einem wie ein Glasperlenspiel, selbstbezogen und überflüssig. Sie gibt sich den Titel großer Weisheit, ist aber noch nicht einmal ausreichend weise, diese Weisheit verständlich zu vermitteln. Das Lächerliche in diesem Eindruck wirkt wie eine Erleichterung. Es hilft dabei, die Frustration der ersten Lektüreerfahrungen zu kompensieren. Nach und nach tritt an die Stelle der unbewältigten Lektüre-

---

[1] Schadewaldt, Wolfgang: Die Anfänge der Philosophie bei den Griechen. Die Vorsokratiker und ihre Voraussetzungen. Tübinger Vorlesungen, Bd. 1, Frankfurt a. M. 1978, S. 13.

krise das Bild eines philosophischen Hanswursts, der einem nichts anzubieten hat. Man belächelt noch ab und zu diejenigen, die sich die Mühe machen, die Texte zu verstehen. Selber hat man jedoch erkannt, dass der Kaiser keine Kleider trägt. Auch das fühlt sich ein bisschen wie Weisheit an – und so geht man seiner Wege.

Andere lassen sich nicht so leicht täuschen. Sie ahnen, dass die Texte, die sie nicht verstehen, nicht ganz ohne Grund als große Philosophie gelten. Also suchen sie einen Zugang. Das ist die Situation, für die Einführungen in die Philosophie geschrieben werden. Sie ist geprägt durch die Lektürekrise des Lesers oder der Leserin und damit von vornherein mit schwierigen Fragen belastet: Bin ich zu dumm für die Philosophie? Oder fehlt mir nur das richtige Werkzeug? Habe ich genug Ausdauer, Zeit, Kraft, Geduld, mir diese Werkzeuge anzueignen? Was, wenn ich den Text auch nach einer Einführung nicht richtig (oder gar nicht) verstehe? Wann weiß ich, wann ich das richtige Verständnis erreicht habe? Das Versprechen von Weisheit, das schon im Begriff der Philosophie zu stecken scheint, wird vom lohnenden Ziel zur persönlichen Prüfung. Denn wer nicht einmal den Text richtig versteht, wie soll derjenige – oder diejenige – eine darin liegende Weisheit verstehen? Wer zumindest den Text versteht, hat die Möglichkeit, der darin liegenden Weisheit nahe zu kommen. Aber wer noch nicht einmal das schafft, der hat ein für alle Mal die Gewissheit, dass er zu der Weisheit, die die Philosophie ihm verspricht, nichts taugt.

Das ist jedenfalls die krisenhafte Situation, in die man gestürzt werden kann, wenn man auf eigene Faust philosophische Texte liest. Aus einer anderen Perspektive betrachtet, kann sie als Ausdruck einer einzigartigen Nachfrage nach Sinn und Bedeutung philosophischen Denkens verstanden werden. Wer in dieser Situation als Experte oder als akademische Lehrautorität auftreten kann, besitzt damit ein Pfund, mit dem sich potenziell endlos wuchern lässt. Das muss keineswegs böser Absicht entspringen. Vielmehr ergibt es sich aus dem System, das sich um das Rätsel der philosophischen Texte herum gebildet hat.

Ein Garten der Pfade, die sich verzweigen

Nehmen wir an, Sie möchten Kant lesen, scheitern aber am Text, weil er Ihnen nichts sagt. Also greifen Sie zu einer Einführung. Sie wurde verfasst von einer, wie Sie dem Klappentext entnehmen, Koryphäe der Kant-Forschung. Endlich ein Zugang zu Kant! Doch während der Lektüre dieser Einführung bemerken Sie, dass sich der Experte wiederum auf eine ganze Menge anderer Experten beruft. Dabei betont er keineswegs, wie Sie es erwartet haben, dass sich alle Experten einig sind. Vielmehr streicht er die Unterschiede im Kant-Verständnis heraus, stellt verschiedene Optionen zur Auswahl und deutet an, dass er die eine Option wählt, die von anderen Experten abgelehnt wird, während wieder zwei andere Experten den Text ganz anders lesen. Wer hat nun recht?

Um das zu erfahren, müssen Sie wohl oder übel auch die anderen Kommentare lesen. In denen finden Sie nun aber einen Streit darüber, was der Autor Ihrer Einführung wohl mit einer seiner früheren Auslegungen gemeint habe. Plötzlich ist nicht mehr der Text von Kant thematisch, sondern ein Text über Kant. Man hat die Ebene gewechselt und befindet sich nun mitten in einem Forschungsdiskurs über diesen Text. Etwas ratlos fragen Sie bei einem befreundeten Philosophen nach. Er empfiehlt Ihnen, zu einem der beiden Autoren, die sich über Ihren Ursprungsautor streiten, eine weitere Einführung zu lesen. Sonst würde man nicht verstehen, aus welcher Perspektive er den Autor Ihrer ersten Einführung kritisiert. Sie lesen die Einführung und stoßen auf eine ganze philosophische Schule, auf die dieser zweite Autor zurückgreift. Es hilft nichts – um seine Perspektive zu verstehen, müssen Sie sich ausgiebiger mit dieser Schule beschäftigen. Sie müssen wieder die Ebene wechseln, von einem Text über den Text über Kant zu einem Text über diesen Text.

Auch wenn ich es etwas überspitzt dargestellt habe – der Weg zu Kants Text führt Sie, je weiter Sie ihn gehen, immer weiter weg von Kants Text. Es ist ein bisschen wie in Kafkas Erzählung *Das Schloß*: Je mehr Sie versuchen, zu der Ihnen versprochenen Weisheit zu gelangen, desto weiter entfernen Sie sich davon. Oder es ergeht Ihnen wie dem Mann in der Fabel aus Kafkas Erzählung *Der Proceß*: Hinter jedem Torwächter, den Sie überwinden, steht noch ein weiterer, mächtigerer Torwächter. Der Text, zu dem Sie zunächst so selbstverständlich als Leser oder Leserin gegriffen haben, wird nun umstellt von Kommentaren und Kommentaren zu diesen Kommentaren und Kommentaren, die die Verhältnisse zwischen den Kommentaren kommentieren usw. Und wer die wichtigsten Lehrautoritäten nicht kennt, wie will derjenige zur akademischen Forschung beitragen können?

Man kann natürlich versuchen, sich in diesem Diskurs einzurichten. Dafür muss man zunächst akzeptieren, dass es unmöglich ist, sämtliche Verzweigungen der Forschung auch nur zu einem einzigen Philosophen zu überblicken. Man sucht sich also eine Nische aus, in der man forschen kann, meist ein ausgefallenes Thema oder eine originelle Abwandlung einer anerkannten Herangehensweise. Was anerkannt ist, wird in vielen Fällen in den Expertendiskursen bekannter akademischer Lehrer festgelegt. Der Diskurs ordnet sich dann nicht selten nach Maßgabe akademischer Prominenz an. Und weil man zu Beginn weder anerkannter Experte, noch bekannter akademischer Lehrer ist, sucht man sich ein Gravitationszentrum, um das die eigene Forschung kreisen kann. Man passt sich an, schwimmt mit dem Strom und bleibt relevant.

Oder man scheidet aus dem Mainstream aus, vertritt eine abweichende Forschungsmeinung und versucht sein Glück als Querdenker. Es gibt viele Geschichten über solche Querdenker, die durch harte Arbeit, glückliche Fügung oder die Förderung durch einzelne berühmte Philosophen für den gesamten Forschungsdiskurs wichtig wurden. Die Zahl dieser Geschichten verhält sich umgekehrt proportional zu der Zahl derjenigen Querdenker, die tatsächlich auf nennenswerte Weise gefördert oder auch nur für relevant oder wichtig gehalten werden. Die vielen Anekdoten über glückliche Fügungen verbergen den Umstand, dass sie außerordentlich selten sind.

Erkennbar wiederholt sich hier das Problem vom Anfang. Entweder man wendet sich gleich von der Philosophie ab und erklärt sie für irrelevant. Oder man beruhigt die Krise, in die die Lektüre philosophischer Texte einen stürzen kann, durch die Anerkennung anerkannter Forschungsdiskurse, die einem außerdem akademischen Rückhalt verschaffen. Im ersten Fall setzt man die Selbstverständlichkeit des Alltäglichen gegen die Irritation der Philosophie. Im zweiten Fall setzt man die Selbstverständlichkeit der Meinungen über die Philosophie gegen die Irritation der – allerdings immer leiser werdenden – Frage, was das alles mit dem Text zu tun hat, über den doch alle streiten.

Philosophie *als* Einführung

Die vorliegende Einführung in die Philosophie versucht, dem Leser oder der Leserin einen dritten Weg neben den beiden skizzierten vorzuschlagen. Als Alternative ist er auch an die adressiert, die mit der Philosophie bereits abgeschlossen haben oder die sich mit ihr vom Boden einer philosophischen Schule aus auseinandersetzen. Aber vor allem soll diese Einführung ein Angebot sein für den Leser oder die Leserin, die noch vor dieser Entscheidung stehen: Sie haben die Lektüre Ihres ersten philosophischen Textes noch vor sich oder Sie sehen sich gerade vor das anfangs skizzierte Problem des Zugangs zu diesen Texten gestellt. Für diese Situation will die vorliegende Einführung eine Handreichung bieten.

Einführungen in das philosophische Denken gehören von Beginn an zur Philosophie dazu. Man könnte sogar sagen, dass die Philosophie selbst nichts anderes ist als eine Tradition von Texten, die in die Philosophie – d. h. in *ihre* Vorstellung von Philosophie – einführen wollen. In diesem Sinne hat derjenige, der eine solche Einführung schreibt, so scheint es, eine unmögliche Aufgabe zu erfüllen: Er möchte in etwas einführen, das er schon auf eine bestimmte Weise vorausgesetzt hat – er möchte in die Philosophie einführen und vertritt dabei selbst bereits eine philosophische Perspektive.[2]

Wer eine Einführung in die Philosophie schreibt, der muss also eine Entscheidung treffen. Entweder führt er in die Philosophie auf eine Weise ein, die er dem Leser als eigene Perspektive anbietet: *How I see philosophy*. Das ebnet den Weg für Einführungen in die Philosophie, die ganz von einer beliebigen Philosophieauffassung des Autors der betreffenden Einführung abhängig sind. Sie führen nicht selten in den weiter oben skizzierten Forschungsdiskurs hinein, versuchen den Leser oder die Leserin für eine bestimmte Perspektive zu gewinnen und damit die eigene Relevanz zu erhöhen.

Doch eine solche Vorgehensweise gibt letztlich die eigene Verantwortung nur an den Leser oder die Leserin weiter. Wo diese eine Einführung in ein Fach, eine Disziplin, eine Denkweise erwarten,

---

[2] Aristoteles' Protreptikos, Frgte. 51,1–5 R3, zitiert nach: Aristoteles: Werke in deutscher Übersetzung, Bd. 20. Fragmente zu Philosophie, Rhetorik, Poetik, Dichtung Teil I, hg. v. Hellmut Flashar, Berlin 2005, S. 50–51: »[…] ob man philosophieren muss, ob man nicht philosophieren muss, (dazu) muss man in jedem Fall philosophieren.«

die sie bisher nur undeutlich unter dem Begriff »Philosophie« verstanden haben, wird ihnen eine Sichtweise auf die Philosophie präsentiert, zu der es potenziell unendlich viele Alternativen gibt. Wer solche Einführungen liest, der läuft Gefahr, sowohl die ungenannten Voraussetzungen, die stillen Überzeugungen, als auch die deutlich ausgesprochenen Meinungen über die Philosophie – und die Philosophen – vom Autor zu übernehmen. So ist es kein Wunder, dass wieder andere Einführungen in die Philosophie die philosophische Tradition in Denkschulen von Meinungen über Philosophie einteilen, deren weltanschauliche Auseinandersetzung bis heute andauert und tendenziell als unlösbar gilt. Die Vielfalt von Zugängen auf die Philosophie in den tradierten philosophischen Texten spiegelt sich in der Vielfalt der Zugänge auf diese Texte in der Einführungsliteratur. Was sich als Orientierungshilfe ausgibt, vervielfältigt die Pfade, die sich verzweigen, und lässt den Leser oft ratloser zurück als vorher.

Es gibt aber auch noch eine andere Möglichkeit, die vermeintlich unlösbare Aufgabe zu bewältigen, eine Einführung zu schreiben, die selbst einen philosophischen Standpunkt einnimmt. Anstatt einen bestimmten Philosophiebegriff als gegeben vorauszusetzen – und damit die Vorstellungen des Lesers von der Philosophie einschränkend vorzuprägen –, nimmt die vorliegende Einführung drei Vollzugsweisen in den Blick, die die philosophische Tradition insgesamt auszeichnen. Diese Vollzugsweisen sind so grundlegend, dass sie als Ausgangspunkt zunächst sogar banal erscheinen. Sie scheinen nicht recht zur Philosophie dazuzugehören, scheinen vielmehr zu denjenigen selbstverständlichen Voraussetzungen zu gehören, die man zu einem Philosophiestudium schon mitbringen muss. Die vorliegende Einführung wird sich bemühen, diese Vorstellung selbstverständlicher Voraussetzungen auf bestmögliche Weise philosophisch zu irritieren. Das tut sie, indem sie diese Voraussetzungen als philosophisches Problem betrachtet – und dabei ein Beispiel dafür gibt, was es überhaupt heißen kann, etwas als philosophisches Problem zu betrachten.

Philosophische Lektüre

Die erste Vollzugsweise ist die *Lektüre*. Sie ist Thema des ersten Teils der vorliegenden Einführung und zugleich die *conditio sine qua non* philosophischen Denkens. Die philosophische Tradition ist zu einem Großteil der Lektüre und Relektüre früherer Philosophen gewidmet, der Aneignung und Kritik der bereits vorliegenden Argumente und Denkfiguren. Nahezu jeder Philosoph liest andere Philosophen und gewinnt aus der Auseinandersetzung mit ihnen seinen eigenen Standpunkt. Soweit man den Texten entnehmen kann, übertreffen dabei philosophische Vorbildung, Aufmerksamkeitsspannen und Lektüredimensionen, Vielfalt und schiere Menge der gelesenen Texte heutige Lektüregewohnheiten bei Weitem. Das ist bei einer über zweitausendjährigen, beinahe ausschließlichen Schriftkultur kein Wunder. Nimmt man dann noch den heutigen Trend zur Digitalisierung, zur Verbildlichung des Sprachlichen, zur Abkehr vom Text und die Hinwendung zu intuitiveren Rezeptionsweisen hinzu, dann scheint die Zeit der genuin textlichen Auseinandersetzung mit der Philosophie vorbei zu sein.

Doch Lektüre bemisst sich nicht an einem linearen Verhältnis der Menge der Texte zur Weite des Wissens. Wer lernt, in seiner Lektüre auf bestimmte Aspekte zu achten, der kann das, was er in oder an einem Text lernt, auf alle anderen Texte anwenden. Verschiedene Aspekte der Lektüre lassen sich kombinieren und bringen neue, unerwartete Aspekte des gelesenen Textes hervor. Und so entwickelt sich in dieser Kombination eine Lektürekompetenz, die in relativ kurzer Zeit nicht nur viel mehr und komplexere Texte zu bewältigen imstande ist, sondern die auch mehr am einzelnen Text zu sehen und ihn zu anderen Texten in Beziehung zu setzen vermag. Wer in die Lektüre philosophischer Texte einführen will, der darf die Aufmerksamkeit des Lesers nicht mit vorgefertigten Schablonen lenken. Er muss diese Aufmerksamkeit vielmehr dazu befähigen, die eigenen Einsichten des vorigen Schrittes für den nächsten Schritt mit zu bedenken.

Wenn es also Ziel des ersten Abschnitts dieser Einführung ist, dem Leser oder der Leserin – provokativ gesagt – allererst *das Lesen beizubringen*, dann geht es weniger darum, ihnen vorgefertigte Textarten und Kategorien zur Bewertung philosophischer Texte an die Hand zu geben. Vielmehr soll es darum gehen, sie *zur Lektüre philosophischer Texte zu ermächtigen* – und damit auf die Einsicht hinzuweisen, dass sie es am Ende selbst sind, die sich zu dieser Lektüre, die dann ihre Lektüre sein wird, ermächtigen können. Dieses didaktische Interesse schwebt aber nicht in der Luft. Es wird zurückgebunden an den konkret gegebenen Text, der das Gemeinsame aller seiner Leser und Leserinnen ist.[3] In dieser Kombination aus ermächtigender Didaktik und philologischer Strenge wird es möglich, hermeneutische Pathologien zu überwinden, die Generationen von Philosophen in unproduktive Kommentarregresse und erstarrte Ehrfurcht gegenüber den großen Philosophen geführt haben. *Der Leser und der Text* – in der Annahme dieses einfachen Verhältnisses besteht der erste Schritt in die Philosophie.

Philosophisches Gespräch

Die zweite Vollzugsweise der philosophischen Tradition ist die *Diskussion*. Auch wenn sie in der Gegenwart vor allem auf hochspezialisierten Fachkongressen und populärwissenschaftlichen Life-Style-Messen vollzogen wird, erschien sie doch in den vergangenen 2500 Jahren in verschiedenen Formen. So gab es schon vor Platons Entscheidung, durch die Form des Dialogs selbst in die Philosophie einzuführen, in Athen eine rege öffentliche Debatte, die sich auf Texte wie auf öffentliche Redebeiträge stützte. Sokrates' Gespräche auf dem Marktplatz sind zum Symbol für »die Philosophie« geworden, in der Traktate und andere Werkformen lange Zeit nur Niederschlag dieser lebendigen Debatte waren.

Auch andere exemplarische Orte wie der Garten oder die Säulenhalle waren von der Antike bis weit in die Neuzeit Zeichen für den philosophischen Dialog *in der Gemeinschaft aller an ihm Teilhabenden*. Ein kleiner städtischer Platz in den Außenbezirken von Alexandria, eine weitläufige Gartenanlage in Süditalien, ein Schulzimmer in einer mittelalterlichen Kathedralenschule oder ein Salon in den Hinterzimmern der feineren Gesellschaft – Philosophen haben stets Räume gewählt, in denen das gemeinsame Denken möglichst frei zirkulieren konnte. Sie waren geschult im Gespräch, nicht nur rhetorisch und polemisch, auch analysierend, zuhörend

---

[3] Rancière, Jacques: Der unwissende Lehrmeister. Fünf Lektionen über intellektuelle Emanzipation, übers. v. Richard Steurer, hg. v. Peter Engelmann, Wien 2009, S. 35.

und ergänzend – und ihre Fertigkeiten schlagen sich in den Texten nieder, die ihre Nähe zu stundenlangen Debatten mit Garten- und Hausgesellschaften oft nicht verbergen können.

Diese Praxis des freien Dialogs, die Aufmerksamkeit auf Begründung und Voraussetzung, nannte Platon, nach dem griechischen Begriff für das Gespräch, *Dialektik*. Blickt man mit einem dialektischen Verständnis auf den gegenwärtigen öffentlichen Diskurs, dann kann man den Eindruck gewinnen, dass die jahrtausendealten Kulturtechniken – bis auf wenige Fragmente – vergessen sind. Der heutige öffentliche Diskurs wird von dem beherrscht, was noch bei Platon Sophistik heißt, also von der selbstverständlichen Inanspruchnahme von Fehlschlüssen und logischen Tricks, um das Gegenüber in die Bestätigung der eigenen Sichtweise zu locken. Wo die Sophistik sich nicht durchsetzen konnte, beherrscht ein versteinertes Methodenverständnis die wissenschaftliche Debatte. Politischer und gesellschaftlicher und wissenschaftlicher und philosophisch-methodischer Diskurs – alle neigen dazu, sich gegenüber allen anderen zu verabsolutieren.

Im zweiten Teil dieser Einführung sollen dem Leser und der Leserin daher die Grundtechniken fairen, sachlichen und dialektisch aufmerksamen Diskutierens wieder nähergebracht werden. Dialektisch heißt dabei nicht gleich: platonisch oder aristotelisch, sondern es bedeutet, dass die im ersten Abschnitt erlernte Aufmerksamkeit der Lektüre auch im Dialog nützliche Beschreibungen hervorbringen kann. Zugleich stellt sie die selbstverständliche Vorherrschaft der sophistischen Rhetorik und des wissenschaftlichen Schubladendenkens in Frage. Wer gelernt hat, auf selbstkritisch reflektierte Weise zu diskutieren, der kann erfahren, *dass Philosophie geschieht, wo wir uns begegnen, um miteinander zu sprechen.*

Philosophisches Schreiben

Die im dritten Teil der vorliegenden Einführung behandelte Vollzugsweise der Philosophie ist die Voraussetzung für die erste: das *Schreiben* philosophischer Texte. Heute wird an vielen Stellen der Maßstab einer an der (natur)wissenschaftlichen Forschung orientierten Darstellung von Ergebnissen angelegt. Aber eine philosophische Schreibkultur, die einen philosophischen Text auf den mechanischen Ablauf »These – beliebige Argumentation – Ergebnis« zurechtstutzen will, ist nicht nur der Tod ihrer selbst, sondern auch das Ende von philosophischer Tradition.

Dabei war Philosophie die längste Zeit mit dem Experiment des eigenen Ausdrucks im Text beschäftigt. Manche ihrer Texte legen beredt Zeugnis davon ab, wie ihre Autoren versuchten, sich von einer verhärteten Form der Darstellung zu lösen und *der Freiheit des Gedankens in der Freiheit des Schreibens Ausdruck zu verleihen.* Das Schreiben von Philosophie lässt zudem erst eine Tradition entstehen, auf die wir uns beziehen können. Wer daher selbst irgendwann damit beginnt, philosophische Texte zu schreiben, der kann nachvollziehen, wie sehr das Lesen, das Denken und das Schreiben miteinander verbunden sind. Er oder sie lernt dabei nicht nur, wie die Philosophen, die er liest, zu lesen. Er lernt auch wie sie zu schreiben – und lernt dabei den *Umweg* kennen, den der Gedanke auf seinem Weg auf das Papier machen muss.

So erscheint das philosophische Schreiben in der Tradition eben nicht nur als Darlegung von Denkergebnissen oder Argumentationsketten, die diese oder jene Deduktion oder Explikation enthalten oder ermöglichen. Es ist auch ein *Medium der Selbstklärung* wie der *Selbstproblematisierung.* Im Text spiegelt sich der Autor als Sprechender – in ihm kann er sich, sein Denken, seine Begriffe, seine Überzeugungen kritisch in den Blick nehmen. Wo eine Philosophie des eingeschränkten wissenschaftlichen Blicks nur biographische Versuche erkennen kann, da stellt sich dann genau das Gegenteil ein: der Versuch, von der als selbstverständlich erfahrenen Selbsterzählung den Weg zu einer Befragung dieser Selbstverständlichkeit und dieser Erzählung zu finden. Wer so fragt, der findet sogleich ganz verschiedene Weisen, sich auf sich beziehen zu können. Und umgekehrt lernt der Leser oder die Leserin in diesen Weisen Möglichkeiten kennen, es ihm nachzutun.

Auch hier verbindet sich der experimentelle, fast literarische Aspekt philosophischen Schreibens aber mit einer Strenge, die der Literatur selbst ganz fremd ist. Das Festhalten an und Klären von Begriffen, die man in der eigenen Argumentation verwendet, der Anspruch, logisch in Übereinstimmung mit dem zu bleiben, was man voraussetzt, schließlich der Versuch, im eigenen Denken zugleich den Spiegel und die Überwindung der philosophischen Vorgänger zu finden – all das führt zu einem Schreiben, das sich selbst ständig disziplinieren muss.

Philosophisches Schreiben

Wer mit dem Leser des eigenen Textes in einen Dialog treten will, der muss diesen Leser mit einbeziehen, seinen Horizont bedenken, seine Fragen erahnen und seine Erwartungen durchkreuzen. Dass das schwieriger werden kann als gedacht, merkt, wer selber damit beginnt, philosophische Texte zu schreiben. Die eigenen Erfahrungen, der eigene historische Horizont, verschiedene Rahmenbedingungen und sprachliche Gewohnheiten finden ihren Weg in den eigenen Text. Damit erschließt sich für den philosophisch Schreibenden aber zugleich, warum ihm philosophische Texte anfangs so unverständlich erschienen sind.

Auch das Schreiben ist – wie das Lesen – durch die Abwendung von der Schriftkultur der letzten beiden Jahrtausende keine selbstverständliche Kulturtechnik mehr. Aber gerade deswegen soll in der vorliegenden Einführung – neben der Vorstellung verschiedener philosophischer Schreibweisen – die Funktion des Schreibens als *kritischer Dialog mit sich selbst* eine wichtige Rolle spielen. Wie die Lektüre, so muss auch das Schreiben wieder als eine Praxis, eine Fähigkeit und nicht nur als eine Darstellungstechnik verstanden werden, damit die Philosophie in Zukunft neue Wege finden kann.

Teil I –
Philosophische Lektüre

»Ich aber habe mich dahin gehend unterwiesen, auf die Worte keines Meisters der Philosophie zu schwören, sondern meine Aufmerksamkeit auf alle auszudehnen, sämtliche Schriften zu durchforschen, alle Schulen kennenzulernen. Über sie alle hatte ich zu sprechen, um nicht als Verfechter einer einzelnen Lehre die übrigen hintanzusetzen und so den Anschein zu erwecken, auf die eine festgelegt zu sein.«[1]

Wer über Philosophie nachdenken, sprechen, schreiben möchte, der kommt um das Lesen philosophischer Texte nicht herum. Das klingt wie eine Binsenweisheit. Aber die Erfahrung lehrt, dass selbst in einem philosophischen Seminar ein großer Teil der Studenten, die über einen Text sprechen sollen, diesen Text gar nicht oder nicht ausreichend gründlich gelesen hat. Wer dieses Versäumnis der Faulheit von Studenten zuschieben will, macht sich die Sache allerdings zu einfach. Oft hat mangelhafte Textkenntnis weder mit mangelndem Eifer, noch mit fehlender Motivation zu tun. Sicher, es gibt auch solche, die in einem Fach, das auf dem Lesen von Texten beruht, einfach keine Texte lesen. Aber in vielen Fällen hat die schlechte Textkenntnis mit einer schamhaft verschwiegenen, daher nicht selten stummen Not der Studenten zu tun – der Not des fehlenden Zugangs zum Text. Diese Not soll im Folgenden etwas genauer unter die Lupe genommen werden.[2]

---

[1] Giovanni Pico della Mirandola: De hominis dignitate. Über die Würde des Menschen, übers. v. Norbert Baumgarten, Hamburg 1990, S. 43.
[2] Ein Großteil der hier angestellten Diagnose ergibt sich aus intensiven Gesprächen mit den Studierenden unseres Bochumer Kreises, die sich dazu bereit erklärt haben, die Überlegungen dieses Buches aus ihrer Perspektive auf Herz und Nieren zu prüfen. Ich bin ihnen daher sehr zu Dank verpflichtet.

Philosophiestudenten geht es darin oft nicht anders als Lesern und Leserinnen, die sich privat mit philosophischen Texten auseinandersetzen. Das erscheint auf den ersten Blick widersinnig. Außerakademische Leser können sich immerhin auf den fehlenden akademischen Kontext berufen. Sie sind von vornherein auf sich gestellt, was die Lektüre angeht, oder müssen sich mit Einführungsliteratur wie der vorliegenden behelfen. Studierenden der Philosophie steht dagegen ein ganzer Lehrapparat der Philosophie zur Verfügung. Sie können aus einer Vielzahl von Veranstaltungen auswählen, in Seminaren das Debattieren und Schreiben einüben, sich in Vorlesungen über den neuesten Stand der Forschung informieren. Ihnen steht die Bibliothek des Philosophischen Instituts oder Seminars ebenso offen wie die Möglichkeit, sich jederzeit mit Kommilitonen zu treffen und über das gemeinsame Fach oder gemeinsame Themen zu diskutieren.

Im Idealfall funktioniert das alles auch genauso. Es gibt philosophische Seminare, in denen die gemeinsame Lektüre im Vordergrund steht. Mehrere Semesterstufen, von ahnungslos bis wohlinformiert, sitzen in einer Veranstaltung und lernen voneinander. Wer vorne sitzt, debattiert, wer hinten sitzt, hört zu. Nachmittags oder abends trifft man sich in einer Kneipe, um stundenlang über Hegels *Wissenschaft der Logik* oder Heideggers *Sein und Zeit* zu diskutieren. In der ständigen Auseinandersetzung mit den Texten entsteht Erkenntnisinteresse, daraus ein Projekt und daraus schließlich ein Text, den man als Hausarbeit abgibt. Das Studium findet zuhause statt und wird in den Veranstaltungen an der Universität erprobt. Nach einigen Semestern kann man sich ein solches Studium ohne Lesekreis und Gesprächsrunde gar nicht mehr vorstellen.

Die erste Voraussetzung für all das ist *Zeit*. Gar nicht so sehr als reales Langzeitstudium, sondern eher als Horizont von Möglichkeit. Wer weiß, dass er nicht nach dem Takt einer Stechuhr studieren muss, kann sich in sein Thema vertiefen. Wer im Semester nicht das Studium fünf verschiedener großer Philosophen und ihrer Hauptwerke abdecken muss, kann sich Zeit für einen oder zwei nehmen und nebenher vielleicht eine gute Philosophiegeschichte lesen. Und wer nicht laufend den Wasserstand in alle Richtungen melden muss, kann sich ausreichend auf das eigene Studium konzentrieren.

Die zweite Voraussetzung ist thematische und methodische *Vielfalt*. Schon 1486 hatte der Renaissancephilosoph Giovanni Pico della Mirandola festgestellt, dass »es von Engstirnigkeit [zeugt], wenn man sich immer nur innerhalb der Grenzen einer einzigen Säulenhalle oder Akademie aufgehalten hat«. Denn man »kann […] sich nicht aus ihnen allen die eigene richtig auswählen, wenn man sich nicht vorher mit allen genau vertraut gemacht hat«.[3] Auch hier liegt der Punkt nicht darin, möglichst viele Philosophen in möglichst kurzer Zeit kennenzulernen. Er liegt vielmehr darin, von Seiten der Fakultät eine möglichst große Bandbreite philosophischer Positionen zur Auswahl gestellt zu bekommen. Wo, ähnlich wie in der mittelalterlichen Scholastik, an einer Fakultät faktisch nur eine oder zwei Hauptströmungen der Philosophie vertreten sind, werden zwar Anhänger dieser Hauptströmungen geschaffen – aber keine eigenständigen Philosophen.

Zeitdiagnostischer Exkurs: Die produktive Universität

Beide Voraussetzungen, Zeit und Vielfalt, befinden sich an deutschen Universitäten seit längerem schon in einer prekären Lage. Mit den im Bologna-Prozess eingeführten Zeit- und Punktekonten wird auch in der Philosophie akademische Leistung quantitativ kontrollierbar und damit ökonomisch bewertbar gemacht. Dass Professoren dabei zu Wissenschaftsmanagern werden, die für ihre Drittmittelprojekte umfangreiche Leistungsnachweise bei ihren Geldgebern vorlegen müssen, wirkt sich irgendwann auch auf die Lehre aus. Nachdem der Bildungssektor in vielen, vor allem institutionellen und administrativen Bereichen einem *ökonomischen Kalkül* unterworfen wurde, erzwingt diese Voraussetzung irgendwann auch die Anpassung des akademischen Inhalts an diese Voraussetzung.

Eine Folge dieser Entwicklung ist ein standardisiertes Philosophiestudium mit fest vorgeschriebenen Lehrinhalten. Diese werden dann vor allem von denen aggressiv verteidigt, die sich damit durchgesetzt haben, sie als geltende Norm philosophischer Forschung anderen vorschreiben zu können. Solche Positionen erkennt man im Studium immer daran, dass sie respektlos, ignorant oder sogar verächtlich mit anderen Positionen umgehen. Das ist keine moralische Klage, vielmehr selbst ein philosophisches Problem: Wer die eigene philosophische Position von vornherein als Maßstab für alles andere setzt, wird alles, was diesem Maßstab nicht entspricht, für ungenü-

---

3   Pico della Mirandola, De hominis dignitate, a.a.O., S. 43.

gend halten oder es gewaltsam dem eigenen Maßstab anzupassen versuchen.

Der *Ökonomisierung* der administrativen Abläufe an der Universität entspricht die *Verwissenschaftlichung* ihrer Fächer. Hier reibt man sich die Augen: Sind nicht alle Fächer an der Universität Wissenschaften? Wie kann man dann aber sinnvoll eine »Verwissenschaftlichung« kritisieren?

Gemeint ist damit nicht die Aufgabe der Kriterien, die ein Fach zu dem Fach machen, was es ist, gerade nicht. Jedes Fach an einer Universität hat eine eigene Geschichte, eigene Methodendebatten und einen eigenen pluralistischen Forschungsdiskurs. Mit »Verwissenschaftlichung« ist vielmehr die Ersetzung dieser Kriterien, die den Fächern eigen sind, durch Kriterien verwertbarer Wissenschaften gemeint, also die tendenzielle methodische Vereinheitlichung des vielstimmigen Fachgesprächs an einer Universität.

Wo Wissenschaften nach ihrer ökonomischen Verwertbarkeit beurteilt werden, werden jene Wissenschaften Vorbilder, bei denen diese Auswertbarkeit augenfällig ist. Unmittelbar nutzbares, effizient anwendbares Wissen produzieren vor allem die MINT-Fächer, also Mathematik, Informatik, Naturwissenschaften und Technikwissenschaften. Das führt zu einer Anpassung von Gesellschafts- und Geisteswissenschaften an die methodische Perspektive der MINT-Fächer. In der Philosophie führt es insbesondere dazu, dass die – nicht selten als metaphysische Spekulation und Eitelkeit diffamierte – Sonderstellung philosophischer Reflexion aufgegeben wird. Philosophie wird dann zu einer Wissenschaft unter anderen Wissenschaften, die sich allgemeinen methodischen Standards ebenso zu unterwerfen hat wie dem pragmatischen Zwang ergebnisorientierten Forschens.

Vor diesem Hintergrund ist es nicht verwunderlich, dass für die Studierenden an der modernen Bologna-Universität ganze Textbestände der Philosophie quasi in Vergessenheit geraten. Sie gelten dann im Extremfall nur noch als literarische oder – bestenfalls – historische Vorstufen des gegenwärtigen und d. h. vorläufig besten Wissens. Die Geschichte der Philosophie wird der (natur)wissenschaftlichen Geschichtsschreibung angepasst: eine Fortschrittsgeschichte, in der zeitliche Vorläufer auch immer gedankliche Vorläufer sind und das Ziel der Geschichte stets der gegenwärtige Stand der Forschung ist.

Das Angebot an Alternativen zur zeitraubenden, anstrengenden,

Zeitdiagnostischer Exkurs: Die produktive Universität 23

entmutigenden und oft sehr einsamen Auseinandersetzung mit dem philosophischen Text ist also beträchtlich. Die Anpassung an einen bestimmten Konsens lässt diese Alternativen für die Studierenden oft verlockender erscheinen als eine selbstständige Auseinandersetzung mit philosophischen Texten.

Denn die Studierenden stehen unter einem immensen Druck: Unsicherheiten im Umgang mit dem eigenen Fach, die Konkurrenzsituation im Seminar, zu der die Jagd nach Punkten und nach Noten und d. h. Aufmerksamkeit des Dozenten gerinnen kann, und der ständig drohende Horizont des Zeit- und Punktekontos versetzen sie in eine Situation ständiger Leistungskontrolle. Noch während man um Termine für die eigene Bachelor-Prüfung ringt, wird man in den Medien von düsteren Prognosen bezüglich des eigenen Studienfachs und der Wertlosigkeit des angestrebten Abschlusses umstellt. Wer dann nebenbei noch für den eigenen Unterhalt jobben muss, kann über wohlmeinende Ratschläge zur Lektüre philosophischer Texte nur traurig lächeln.

Auf der anderen Seite steht das Angebot der eigenen Fakultät, die auf ihre Weise mit den Sachzwängen umgehen muss. Wo das Wissen standardisiert ist, behält man den Überblick. Man kann sich damit beruhigen, dass man selbst an der Universität nicht übermäßig dazu aufgefordert wird, über den eigenen Tellerrand zu blicken. Der Konkurrenzkampf ist nicht nur anstrengend, sondern auch verführerisch – diejenigen, die sich den Umständen gut angepasst haben, bekommen große Forschungsvorhaben und damit viel Geld bewilligt. Und wo viel Geld ist, da gibt es viele Stellen und Chancen, in der akademischen Karriereleiter nach oben zu klettern.

Wer von Studierenden mehr Lektüre fordert, darf über diese Rahmenbedingungen nicht schweigen. Und wer Philosophie studiert, muss sich im Klaren darüber sein, dass ein Großteil der Zeit dafür eingesetzt werden muss, sich dem vorgegebenen System anzupassen. Insofern kommt die private Auseinandersetzung mit philosophischen Texten dem Ideal eines Philosophiestudiums vielleicht sogar näher als die akademische.

Die folgende Einführung in die Lektüre philosophischer Texte ist ausdrücklich an beide Gruppen adressiert: Studierende der Philosophie und interessierte außerakademische Leser philosophischer Texte. Dennoch hoffe ich, dass die zuletzt Genannten Verständnis dafür haben, dass die oben skizzierte Situation der Studierenden hier immer im Hinterkopf behalten wird. Die Alternative, die in der vorliegenden Einführung zu dieser prekären Situation geboten wird, sollte sich aber für beide Lesergruppen als fruchtbar erweisen.

Lesenlernen – noch einmal

Abgesehen von den schwierigen und besonderen Verhältnissen an der Universität gibt es auch allgemeinere Ursachen für die mangelhafte Auseinandersetzung mit Texten. In der Schule dient das Lesen von Texten oft ausschließlich der Information über ein bestimmtes Thema, der Aneignung vorgegebenen Wissens. Die keineswegs unproblematische Vorstellung der Sinnübertragung eines bestimmten Inhalts vom Kopf des Autors in den Kopf des Schülers dominiert dabei oft jede andere Herangehensweise an den Text. Wo doch einmal Machart, Aufbau, Struktur und Vollzugsweise eines Textes thematisch werden – im Rhetorik- oder Deutschunterricht –, wirkt diese Perspektive seltsam exotisch. Wer von einem Text vor allem instrumentell, d. h. als Medium der Sinnübertragung von Inhalt ausgeht, für den sind solche zusätzlichen Perspektiven nur formale Spielerei.

An der Universität wird man wiederum mit Dozenten konfrontiert, die oft starke Geltungsansprüche formulieren. Wer Dozent ist, so eine weitverbreitete Vorstellung, der ist eine Autorität in seinem Fach. Viele Dozenten, gerade in der Philosophie, würden sich diese Vorstellung nicht zu Eigen machen. Dennoch werden sie oft von Studierenden so betrachtet, als sei ihre Sichtweise auf einen philosophischen Text die maßgebliche. Wo Dozenten und Professoren diesen Anspruch tatsächlich vertreten, verstärken sie diese (nicht sehr eigenständige) Haltung ihrer Studierenden nur noch weiter. Die professorale Distanz lässt sie zu Lehrautoritäten werden, deren Sichtweisen und Haltungen die Studierenden dann übernehmen. Eine eigenständige Auseinandersetzung mit dem Text kann nicht mehr stattfinden, wo Professoren ihre Studierenden mit Kollegen verwechseln. Als Studierender findet man sich dann oft in der absurden Situation wieder, gegen die Textlektüre des eigenen Professors anlesen zu müssen.

Hinzu kommt eine veränderte Rezeptionshaltung derjenigen, die mit dem Internet als Hauptmedium der Welt- und Selbstvermittlung aufwachsen. Schnellerer Zugriff auf Informationen bedeutet auch weniger Zeit für die Auseinandersetzung mit der Art und Weise der Übertragung dieser Informationen. Der ständige Wechsel von

Kontexten und das oft undurchsichtige Nebeneinander von faktenbasiertem Wissen und bloßen Behauptungen im Netz lassen wesentliche, auch philosophisch relevante Differenzierungen verblassen. Aufmerksamkeitsspannen werden kürzer – nicht etwa aufgrund von Hirnerweichung, sondern weil sich die Rezeptionshaltung der Konsumenten den Besonderheiten des Mediums anpasst. Text wird dann vor allem in Form von Zusammenfassungen, Kommentaren oder kurzen Formen wahrgenommen und bevorzugt. Die Kriterien, denen er zu genügen hat, sind sehr oft nur noch subjektiv, der Aufmerksamkeitsökonomie des Netzes angepasst: was langweilig ist oder bekannt vorkommt, wird weggeklickt. Too long? Didn't read.

Wer das Glück hatte, in einer von Lektüreerfahrungen geprägten Welt aufzuwachsen, dem erscheint diese spätmoderne Medienkompetenz jüngerer Generationen eher als Fluch denn als Segen. Die digitale Revolution hat zu einer beispiellosen Überforderung des Einzelnen mit unzähligen Inhalten geführt. Diese Überforderung kann sich dann als Nachfrage nach Auswahl-, Ordnungs- und Bewertungskriterien äußern, auf die alle möglichen, seriösen und unseriösen Angebote antworten.

Eigentlich kommt in dieser konkreten Situation aber nur ein viel allgemeineres Problem zum Ausdruck, das die Philosophie seit ihren Anfängen beschäftigt: Der Mensch hängt an Inhalten. Er sucht nach Zusammenhang und Sicherheit. Lücken und Unsicherheit kann er schwer ertragen. Die kritische Reflexion auf stille Voraussetzungen aber schafft Lücken, stellt Selbstverständlichkeiten in Frage, arbeitet mit methodischem Zweifel und der Unsicherheit des Wissens. Sie setzt etwas außer Kraft, um es noch einmal und besser zu beantworten, wie der Philosoph Georg W. F. Hegel es ausdrückt: »Erkennen heilt die Wunde, die es selber ist.«[4] Der Wissensdrang des Menschen hat immer dazu geführt, dass mehr Sinnangebote zur Verfügung standen, als gebraucht wurden. So war es stets einfacher, sich aus dem vorhandenen Angebot etwas auszusuchen, als sich auf den langen und steinigen Weg der kritischen Reflexion zu begeben.

Entsprechend mächtig zeigt sich der Widerstand derjenigen, die von dieser Reflexion nichts wissen wollen. Sie beharren auf dem Eigenen, der eigenen inhaltlichen Auffassung, und ignorieren das Gemeinsame, die gemeinsam geteilten stillen Voraussetzungen. In

---

[4] Hegel, Georg W. F.: Vorlesungen über die Philosophie der Religion Bd. 3. Die vollendete Religion, Hamburg 1995, S. 42.

diesem Sinne formuliert der vorsokratische Philosoph Heraklit das Problem: »Drum ist es Pflicht, dem Gemeinsamen zu folgen. Aber obschon der Logos gemeinsam ist, leben die Vielen, als hätten sie eine eigene Einsicht.«[5] Auch die Menschen, die so tun, als hätten sie eine eigene Einsicht, haben ja schon eine. Sie sind nicht unwissend, sondern wissend – so aber, dass sie das, was sie wissen, für selbstverständlich, nicht hinterfragbar, nicht hintergehbar halten.

Zu viel, nicht zu wenig Wissen ist das Problem!

Vor diesem Hintergrund kann man die überraschende und vielleicht auch etwas paradox anmutende These vertreten, dass ein wesentliches Problem mit der Lektüre philosophischer Texte nicht etwa zu wenig, sondern zu viel Wissen ist. Dieses Problem kann man mit einer Diskrepanz erklären, die zwischen dem Selbstverständnis des Lesers oder der Leserin, seinem oder ihrem tatsächlichen Wissenshorizont und dem zu lesenden Text besteht. Sie kann an zwei idealtypischen Lesern deutlich gemacht werden.

Der erste idealtypische Leser hält sich selbst für unwissend. Er erwartet vom Text, dass er ihn wissend – oder zumindest wissender – macht. Der Wissenszuwachs wird dabei freilich bemessen an dem Wissen, das der Leser bereits hat oder zu haben glaubt. Was bekannt ist, ist der Maßstab für das, was dazukommt. Der zweite idealtypische Leser weiß dagegen um sein eigenes Wissen. Er ist darin selbstbewusster als der erste idealtypische Leser. Ihm dient der Text nicht von vornherein zur Erweiterung seines schon vorhandenen Wissens. Dieses Wissen dient ihm, umgekehrt, vielmehr als Maßstab dafür, ob der Text ihm etwas Neues, Relevantes, Interessantes zu sagen hat oder nicht.

Der erste Leser ist bescheidener, der zweite selbstbewusster. Sie unterscheiden sich darin, wie sie ihren eigenen Wissenshorizont einschätzen. Zugleich machen aber beide die gleiche Voraussetzung: das eigene, bereits bestehende Wissen ist Maßstab für das, was der Text zu bieten hat. Das Problem steckt nicht in der unterschiedlichen Selbstwahrnehmung der beiden idealtypischen Leser. Es steckt in der Voraussetzung, dass der zu lesende Text vor allem als Erweiterung des bisherigen Wissenshorizontes gelesen werden muss. Warum?

---

[5] Heraklit DK 22 B 2.

Wer den eigenen Wissenshorizont als Maßstab nimmt, setzt damit dieses Wissen als maßgeblich voraus. Da Wissenshorizonte verschiedene Formen annehmen können, breit oder eng, tief oder oberflächlich sein können, ist es durchaus möglich, dass verschiedene Leser ganz verschiedene Voraussetzungen mitbringen. Ein und derselbe Text soll also gegebenenfalls eine Erweiterung für ganz verschiedene Horizonte sein, die sich – da ihr Verhältnis untereinander nicht geklärt ist – auch noch jederzeit widersprechen könnten. Außerdem bringt der Leser, mit seinem Wissenshorizont, auch ganz bestimmte Überzeugungen mit. Diese Überzeugungen können sich auf jeden beliebigen Themenbereich erstrecken, weshalb jederzeit auch gegenteilige Auffassungen über dasselbe Thema vorausgesetzt werden können. Ein und derselbe Text soll also über dieselbe Sache und ihr Gegenteil sprechen können.

Das kann nicht funktionieren. Wer sämtliche Texte bloß als Erweiterungen des eigenen Wissenshorizontes liest, zwingt ihnen die Kategorien dieses Wissenshorizontes als Maßstab auf. Der Eigenwert des Textes, den man liest, kann in dieser Reduktion auf die Funktion als Wissenslieferant vollständig verschwinden. Die eigenständige Perspektive des Textes erscheint nur als Negativ der eigenen Voraussetzungen. Und dann ist es abhängig von der Gunst des Lesers oder der Leserin, ob die Irritationen, die dabei entstehen, als fruchtbare Einladung oder als abzulehnende Abweichung von der eigenen Norm verstanden werden.

Lesenlernen bedeutet hier also nicht gleich: so oder so lesen lernen. Es bedeutet zunächst einmal, dass man lernt, sich kritisch und eigenständig *auf die eigene Leseperspektive* zu beziehen. Wer das Lesen philosophischer Texte lernen will, muss sich diese Unbefangenheit erst einmal antrainieren. *Wir bringen nicht zu wenig, sondern eher zu viel zur Lektüre mit.* Wir machen etliche Voraussetzungen, die wir als solche gar nicht reflektieren. Und jede dieser Voraussetzungen kann dazu führen, dass unsere Lektüre sich nach ihnen und nicht nach dem Text ausrichtet, den wir lesen wollen. Sie können den Text verzerren, wie eine Bleikugel ein Gummituch verzerrt, auf das sie geworfen wird. Und dann finden wir nur das im Text wieder, was wir schon kennen – und verkennen das, was für uns unsichtbar wird oder nur noch dunkel und unverständlich erscheint.

Einklammern von Voraussetzungen

Was also tun? Man kann doch niemals ohne Voraussetzungen an einen Text herangehen. Jeder Versuch, sämtliche Voraussetzungen zu eliminieren, ist zum Scheitern verurteilt. Würde uns das gelingen, wir könnten den Text, den wir lesen wollen, nicht mehr verstehen. Wir könnten auch nicht mehr verstehen, was es heißt, einen Text zu lesen. All das bringt ja bereits Voraussetzungen mit – ohne sie bleiben wir dem Text gegenüber blind und taub.

Aber die Tatsache, dass wir Voraussetzungen machen müssen, bedeutet nicht, dass es unbedingt diese oder jene sein müssen. Anstatt also sämtliche Voraussetzungen zu eliminieren, können wir einfach reflektieren, dass wir sie machen, aber *nicht* jede davon machen *müssen. Wir können den Geltungsanspruch in Klammern setzen, der mit ihnen verbunden ist.* Und wenn sie dann beginnen, den Text zu verzerren, können wir sie dem Text anpassen, anstatt den Text unseren Voraussetzungen anzupassen. Das bedeutet nicht gleich: den Text immer so lesen, dass er unsere Voraussetzungen bestätigt. Es bedeutet: unsere Voraussetzungen nicht so einzusetzen, dass sie von vornherein zum Maßstab für den Text werden.

Erst wenn wir damit aufhören, den Text unseren mitgebrachten Voraussetzungen unterwerfen zu wollen, ist es möglich, ihn unbefangen zu verstehen. Es gibt mannigfaltige Gründe, warum man einen Text den eigenen Voraussetzungen unterwirft – Unsicherheit, weltanschauliche Überzeugungen, philosophische Glaubensbekenntnisse, fehlende Gewohnheit der Methodenreflexion. Aber immer wird es dazu führen, dass der Text genau in dem Licht erscheint, in das man ihn stellt. Geltungsvoraussetzungen bezüglich Rationalität, Geschichtlichkeit, Logik, aber auch angeeignete Perspektiven auf Sprachlichkeit, Kommunikation oder Gesellschaft, bis hin zu impliziten Überzeugungen davon, was der Mensch eigentlich ist, tut oder soll, können zu solchen Verzerrungen führen.

Sie führen dazu, dass ein philosophischer Text dann – aber immer nur teilweise – das bestätigt, was man schon weiß, während man in anderen Hinsichten nicht mit ihm übereinstimmt. Wer Texte so liest, reduziert sie von vornherein auf Meinungen, die man mit der eigenen Meinung abgleicht und entweder diese um jene bereichert oder jene für die Schärfung des Profils der eigenen Meinung benutzt.

Der Dialog von Leser und Text

Diesem Modus des Meinungsstreits steht das Modell des Dialogs von Leser und Text entgegen. In ihm klammert man die eigenen Geltungsansprüche gegenüber dem Text fürs Erste ein. Dann liest man den Text und versucht zu begreifen, worum es geht. Um dieses dialogische Modell zu verstehen, ist es hilfreich, sich anderer Lektüreerfahrungen zu erinnern: Wer Romane liest, hält auch nicht nach jedem Satz inne, um sich die Frage zu stellen, ob er überzeugend ist. Er akzeptiert, dass der Autor irgendwo beginnen muss, um seine Geschichte zu entfalten. Wer Romane liest, gleicht sie auch nicht ständig mit der eigenen Vorstellung von Wirklichkeit ab. Denn er weiß, dass der Roman keinen Anspruch auf Geltung in dieser Hinsicht erhebt. Schließlich schaut man auch nicht ständig unter dem Bett nach, ob die Fantasiewesen, von denen man liest, dort leben. Wir können jederzeit die Ebenen auseinanderhalten: Was im Text passiert, passiert erst einmal im Text – und zwingt mir nicht gleich eine Sichtweise auf.

Nun sind philosophische Texte natürlich keine (oder eher selten) Romane. Dennoch kann man einige Einsichten aus der eigenen Romanlektüre auf die Lektüre philosophischer Texte übertragen. Auch hier muss der Autor irgendwo anfangen, um seinen Gedanken zu entfalten. Oft handelt es sich dabei um eine Problemstellung, die von ihm in der philosophischen Tradition aufgefunden wird. Manchmal handelt es sich aber auch um ein eigenes Problem, mit dem der Text sich auseinandersetzt. Manche Texte machen sich die Mühe, den Leser bis an die Problemstellung langsam, Schritt für Schritt heranzuführen. Wer dann zu Beginn sofort eine klare Darstellung von Problem und Lösungsweg erwartet, wird enttäuscht werden. Andere Texte beginnen mit ihrer Problemstellung, aber stellen sie in Vortexten wie Einführungen oder Vorworten dar. Wer dann diese Texte für zweitrangig oder unwichtig hält, dem entgeht gegebenenfalls ein wichtiger Schlüssel zum Verständnis des Haupttextes.

Schwieriger ist die Übertragung der Romanlektüre hinsichtlich des Abgleichs mit der Wirklichkeit. Denn philosophische Texte zeigen sich ja durchaus als Texte, in denen etwas über die Wirklichkeit behauptet wird. Oder? Wer genau hinsieht, kann erkennen, dass das bei weitem nicht für alle philosophischen Texte gilt. In vielen Fällen treffen philosophische Texte keine Aussagen über die Wirklichkeit, sondern – eine Ebene darüber – über Aussagen über die Wirklichkeit. Nicht Aussagen, sondern *Aussagen über Aussagen*, nicht das Begreifen von Wirklichkeit, sondern *die Diskussion von begrifflichen* Zugängen zur Wirklichkeit prägen die philosophische Auseinandersetzung.

Hat man es mit einem Text zu tun, der nicht über die Wirklichkeit, sondern über Begriffe und begriffliche Strukturen, Aussagen und Aussageformen, Argumente und Prinzipien handelt, ist der Abgleich mit der eigenen, empirischen Wirklichkeitsauffassung fehl am Platz. Sie führt schnurstracks in die – etwas billige – Täuschung, dass philosophische Texte von irgendwelchen (nichtempirischen oder unsichtbaren) metaphysischen Sachen sprechen. Ändert man aber diese Voraussetzung dahingehend, dass der Text nicht über metaphysische Sachen, sondern über Begriffsverhältnisse spricht, kann sich der Lektüreeindruck sofort ändern. Was vorher als wilde Spekulation über metaphysische Sachen erschien, erscheint nun als Explikation von Verhältnissen an Begriffen, die im Text zum Problem geworden sind.

Oft wird gefordert, man solle philosophische Texte von Anfang an kritisch lesen. Das leuchtet auf den ersten Blick ein, denn eine unkritische Lektüre könnte jederzeit dazu führen, dass man die gelesenen Inhalte ebenso unkritisch einfach übernimmt. Aber auch hier sollte man differenzieren. Der Begriff »Kritik« kommt von griech. »krínein«, d. h. »unterscheiden«, »prüfen«. Wer Texte prüft, der braucht einen Maßstab für seine Prüfung. Und wenn dieser Maßstab von außen an den Text herangetragen wird, dann hat man es sich denkbar einfach gemacht: denn überall dort, wo der Text diesem Maßstab nicht entspricht, kann man sein Verfehlen feststellen. Der Kritiker hat damit ein bequemes Instrument gefunden, um auch gegenüber den Texten sogenannter großer Philosophen überlegen zu bleiben.

Wenn hier der Vorschlag gemacht wird, einen Text stattdessen an seinen eigenen Ansprüchen zu messen, bedeutet das nicht gleich, diese Ansprüche zu akzeptieren. Es bedeutet vielmehr, darauf zu achten, den Text nicht durch eigene Erwartungen zu überformen. Wenn ein Text über die Rechtfertigung einer Rede zu sprechen beansprucht, sollte ich ihn nicht als Darstellung eines Ablaufs oder eines Prozesses nehmen. Wenn er Ironie als Stilmittel gebraucht, sollte ich ihn nicht in jeder Hinsicht wie eine technische Anleitung lesen. Wenn er in Dialogform vor mir liegt, sollte ich das, was in diesen Dialogen besprochen wird, nicht so lesen, als handle es sich um einen

Traktat. Wer den Text so nimmt, wie er gegeben ist, der kann ihn allererst verstehen. Kritik, auch als Anmessen an von außen angelegte Maßstäbe, ist danach immer noch möglich. Aber dann kennt man den Unterschied zwischen dem Text und diesen Maßstäben.

Genauso wenig, wie Trolle unter unserem Bett wohnen, weil wir von ihnen lesen, überwältigt uns ein philosophischer Text, weil wir ihn nicht in jedem Satz an einem sicheren, aber außer ihm liegenden Maßstab messen. Es ist jederzeit möglich, die Konstruktion eines philosophischen Textes zu studieren, sogar zu bewundern, ohne alles, was er sagt, für überzeugend zu halten. Dafür muss man aber das Augenmerk auf diese Konstruktion legen. Entsprechend passieren Fehllektüren vor allem dann, wenn wir so tun, als würden philosophische Texte über genau dieselbe Wirklichkeit mit genau demselben Verständnis davon sprechen, wie wir es annehmen. Denn dann tritt ein philosophischer Text automatisch in eine Auslegungskonkurrenz mit uns und auch mit jedem wissenschaftlichen Text ein. Wer alles auf eine Ebene zieht, darf sich dann nicht mehr wundern, wenn sich die Perspektiven vervielfältigen. Daraus kann dann die Täuschung entstehen, Philosophie sei nur ein Relativismus der Weltanschauungen. Am Anfang dieser Täuschung steht aber eine kleine, unscheinbare Voraussetzung: Dass der Text schon dieselben Voraussetzungen machen muss, die ich auch mache.

Wer sich einem Text dialogisch nähern will, sollte zunächst einmal auch philosophische Sekundärtexte wie alternative Sichtweisen behandeln. Und alternative Sichtweisen sind es erst dann, wenn man schon eine eigene Sichtweise auf den Text entwickelt hat. Vor der Lektüre von Sekundär- oder Einführungsliteratur zu einem Text steht also grundsätzlich die Lektüre des Textes. Wer gar keinen Zugang zum Text findet, kann sich aus der Sekundärliteratur eine Sichtweise »ausborgen«. Oft hilft so eine geborgte Sichtweise dabei, für sich selbst einen Anfang zu machen. Doch sie ist nur eine, nämlich die erste Stufe der Leiter, an deren Ende ein eigenes und eigenständiges Textverständnis stehen sollte.

Aller Anfang ist schwer

Bereits in der Einleitung war von der frustrierenden Erfahrung die Rede, die man machen kann, wenn man einen philosophischen Text aufschlägt. Doch man sollte sich durch diese Erfahrung nicht entmutigen lassen. Philosophische Texte sind über viele Jahre – oder sogar Jahrzehnte – entwickelte Gedankengänge, die ihren Werdegang und die damit verbundenen Schwierigkeiten oft nicht verbergen können. Wer von sich selbst verlangt, alles beim ersten Lesen auf Anhieb zu verstehen, wird mit einiger Sicherheit daran scheitern.

Zu beachten ist außerdem die historische Dimension philosophischer Texte und ihrer Entstehung. Was in der Bibliothek als Text verfügbar ist, sind Ausschnitte aus einem oft wesentlich weiter gefassten Kontext. Zu jeder Zeit sind Philosophen in einen bestimmten Forschungs- und Diskussionszusammenhang eingebunden. Nicht selten sind sie mit politischen und sozialen Entwicklungen konfrontiert, die unsere Gegenwart lange hinter sich gelassen hat. Einige Philosophen schreiben ihre Texte als engagierten Beitrag zu einer bestimmten Debatte. Andere ziehen sich in den Garten oder die Stube des Privatgelehrten zurück.

Ein (wenn nicht der wichtigste) Aspekt dieser Situation ist die Rezeption anderer Philosophen. *Philosophen lesen Philosophen*, sie gewinnen aus ihrer Lektüre ihre eigenen Probleme, schließen sich einer bestimmten Tradition an oder grenzen sich von ihr ab. Oft sind diese Lektüren selbst geleitet von bestimmten Vorstellungen, die sich Philosophen von anderen Philosophen machen. Auch diese Lektüren sind ihrerseits von Voraussetzungen geprägt. Ob eine Vorstellung treffend ist, die sich ein Philosoph von einem anderen macht, muss dann gegebenenfalls anhand einer vergleichenden Lektüre entschieden werden. Wer berühmte Philosophen als Autoritäten zitiert, um sie – und sich – von anderen großen Philosophen abzuheben, macht es sich jedenfalls zu einfach.

Die historische Situation bestimmt einen philosophischen Text nicht in jeder Hinsicht. Aber sie kann die Themenauswahl, die Vorgehensweise und die Bezugnahme auf die Tradition bestimmen, die sich in philosophischen Texten finden. Auch deswegen ist es immer eine gute Idee, sich im Vorfeld über den ungefähren Kontext zu informieren, in dem ein philosophischer Text steht.

Dazu gibt es, vor allem in gut ausgestatteten Bibliotheken, verschiedene Hilfsmittel. Die drei wichtigsten beziehen sich auf die Begriffe, die philosophische Texte gebrauchen, und auf den philosophiehistorischen Kontext, in dem sie stehen: Das 13-bändige *Historische Wörterbuch der Philosophie* verzeichnet in über 3.500 Artikeln die gebräuchlichsten Begriffe, sowie ihren oft sehr unterschiedlichen Gebrauch im Verlauf der Geschichte philosophischen

Denkens. Der *Grundriss der Geschichte der Philosophie*, ein Standardwerk der Philosophiegeschichtsschreibung, das 1863–1927 in 12 Auflagen erschien, wird seit 1983 in komplett neuer Überarbeitung herausgegeben. Die aktuelle Ausgabe reicht von der Antike bis ins 19. Jahrhundert. Eine etwas handlichere Philosophiegeschichte bietet die von Wolfgang Röd herausgegebene Reihe *Geschichte der Philosophie* in 14 Bänden. Allein drei Bände (10–13) decken das philosophisch ereignisreiche 19. Jahrhundert ab.

Auch online finden sich anerkannte Ressourcen für die Erschließung der Philosophiegeschichte: Die eher analytisch geprägte *Stanford Encyclopedia of Philosophy* (SEP) wird laufend ergänzt und bietet umfangreiche Beiträge, insbesondere zur Philosophie des 20. und 21. Jahrhunderts, aber auch zu historischen Themen. Wer eher an antiken Texten interessiert ist, kann in der *Perseus Digital Library* Volltexte von Platon, Aristoteles und anderen griechischen und lateinischen Klassikern finden. Die Texte sind vollständig durch ein Wörterbuch erschlossen, und man kann zwischen griechischem oder lateinischem Originaltext und englischer Übersetzung umschalten. Wer sich der Philosophiegeschichte lieber hörend statt lesend nähert, für den gibt es den Podcast *History of Philosophy without any gaps*, der von dem in München lehrenden US-amerikanischen Philosophen Peter Adamson angeboten wird. Der Titel ist Programm: Von den Vorsokratikern über die Philosophenschulen zwischen Platon und der Spätantike bis hin zur arabischen und jüdischen Philosophie versucht Adamson, die Philosophiegeschichte möglichst ohne Lücken abzudecken. Die 30-minütigen Beiträge enthalten dabei in regelmäßigen Abständen auch Interviews mit Experten zu bestimmten Philosophen.

Dreizehn Tipps zur Lektüre philosophischer Texte

Auch bei der Lektüre philosophischer Texte gilt also: Aller Anfang ist schwer. Wie bei einem Sportprogramm muss man mit einem leichten Training beginnen und sich dann langsam steigern. Auf dem Weg zum Verständnis eines philosophischen Textes kann man dennoch einige Punkte beachten, die einem auch noch bei fortgeschrittener Lektüre weiterhelfen. Da Texte so verschiedenartig wie die Menschen sein können, die sie geschrieben haben, ist man auch nach jahrelanger Lektüreerfahrung immer wieder ein Anfänger. Wer sich nicht entmutigen lässt, wird nach einiger Zeit in dem eigenen Verständnisproblem kein Hindernis, sondern eine Herausforderung sehen. Hier also die dreizehn wichtigsten Tipps zur Lektüre philosophischer Texte:

(1) Man kann aus eigener Kraft schaffen, einen philosophischen Text zu verstehen.

Wer an große Philosophen denkt, denkt oft an intellektuelle Genies, deren Früchte an den höchsten Zweigen des Baumes der Erkenntnis hängen. Und wer will sich schon mit Genies messen? Da kann man nur verlieren. Oft wird durch die philosophische Forschung an den Universitäten dieser Eindruck noch verstärkt. Allein die Tatsache, dass zur Erforschung eines einzigen Textes manchmal ganze Generationen von Fachphilosophen hunderte Meter Forschungsliteratur verfasst haben, wirkt erheblich einschüchternd. Kommt dann noch die Ehrfurcht vor dem eigenen Dozenten dazu, der den Philosophen, den man lesen will, sowieso besser kennt, hat man eigentlich keine Lust mehr auf eigene Lektüre.

Dabei muss man sich aber immer wieder vor Augen führen, dass philosophische Texte eben genau das sind: Texte. Jeder kann sie lesen. Jeder darf über sie sprechen. Sie sind frei zugänglich und meistens nicht in einer fremden oder in einer Geheimsprache abgefasst. Oft haben dieselben Philosophen, die ehrfürchtig als Begründer einer Forschungstradition zu Kant oder zu Hegel zitiert werden, sich mit unendlichem Fleiß dafür eingesetzt, dass diese Texte frei verfügbar sind. Auch die Philosophen, um die es geht, haben sich nicht selten einige Mühe gegeben, um ihren Leser zu erreichen. Man darf sich dadurch angesprochen fühlen. Da jeder diese Texte lesen darf, hat auch niemand einem vorzuschreiben, wann man darüber sprechen darf und wann nicht. Der erste Schritt eines Lesers philosophischer Texte findet also noch vor der eigentlichen Lektüre statt: Habe Mut, ins Bücherregal zu greifen und selbstständig den philosophischen Text zu erschließen!

(2) Philosophische Texte sind kompliziert.

Es gibt ganz verschiedene Textsorten. Einige davon sind dafür gemacht, möglichst schnell und einfach verstanden zu werden. Was sie mitzuteilen haben, ist dementsprechend nicht besonders kompliziert. Bei philosophischen Texten ist das anders. Sie sind kompliziert, im Wortsinn: *zusammengefaltet*. Das liegt vor allem daran, dass Philosophen in ihren Texten einen oft sehr umfangreichen oder voraussetzungsreichen Gedankengang formulieren. Und da es ihnen darum geht, sich gegen Einwände ihrer Leser und anderer Philosophen zu wappnen, versuchen sie sich möglichst genau und differenziert auszudrücken. Das ist für den Leser ziemlich anstrengend, denn er muss diesen feinen Verästelungen des Arguments folgen, um nicht irgendetwas zu übersehen. Wenn man aber das Argument so ernst nehmen will, wie der Philosoph es dargelegt hat, führt daran kein Weg vorbei.

(3) Langsames Lesen ist besser als schnelles.

Zugegeben: Man kommt sich schon dumm vor, wenn man sonst Sachbücher oder vielleicht auch Fachbücher zu einem bestimmten Thema zügig und mit gutem Verständnis durchliest. Sitzt man aber vor einem philosophischen Text, stockt die Lektüre, die Augen sind schneller als der Kopf und es geht nicht weiter. Aber was für den einen Text gilt, muss nicht gleich für alle Texte gelten. Gerade weil philosophische Texte so kompliziert sind, braucht man Zeit, bis man sie erschlossen hat. Wer sich dazu zwingt, einen solchen Text erst einmal langsam zu lesen, gewöhnt den eigenen »Denkblick« nach und nach an die Machart philosophischer Texte. Ehe man sich versieht, liest man in derselben Zeit mehr Text – und irgendwann auch philosophische Texte ganz flüssig.

(4) Aufmerksames Lesen ist besser als Querlesen.

Wer bewusst langsam liest, der hat mehr Zeit, die eigene Aufmerksamkeit schweifen zu lassen. Philosophen reflektieren nicht selten erst am Ende ihres Schreibprozesses auf die Bedingungen, die sie für den Leser herstellen müssen, damit ihr Denken zugänglich wird. Entsprechend oft verbergen sich wichtige Hinweise, manchmal auch Schlüsselstellen, in sogenannten Paratexten, also den Texten, die neben dem eigentlichen Haupttext stehen. Zu diesen Paratexten gehören Vorworte, Vorreden und Einleitungen, aber auch Prologe, Epiloge oder eingeschobene Notizen.

Das kann dazu führen, dass die Bemühungen des Philosophen, sich möglichst verständlich zu machen, den Gesamttext insgesamt komplizierter werden lassen. Kant ist so ein Fall: bei ihm verbergen sich zentrale Hinweise u. a. in Anmerkungen, die er in der Überarbeitung der einzelnen Auflagen hinzugefügt hat. Es kann hier von Vorteil sein, Texte weniger als ein Nacheinander von Sinneinheiten und mehr als eine Textfläche zu betrachten, in der verschiedene Abschnitte aufeinander bezogen werden können.

(5) Geduld haben mit sich und dem Text.

Wie bei den meisten Dingen, die man neu anfängt, bringt man es nicht beim ersten Versuch schon zur Meisterschaft. Lektüre ist eine Praxis, auch wenn wir sie als intellektuelle Tätigkeit oft nicht so wahrnehmen. Wie jede Praxis wird sie durch Wiederholung trainiert und sie verbessert sich, je öfter man sie kontrolliert anwendet. Dafür braucht man Geduld, vor allem mit sich selbst, aber auch mit dem Text. Diese Geduld entwickelt man, indem man sich z. B. klarmacht, dass man zwar der Leser, aber keineswegs unbedingt der Adressat eines Textes ist. Der Text wurde meistens nicht für einen selbst geschrieben und orientiert sich entsprechend auch nicht am eigenen Verständnishorizont. Je mehr man sich diesen einfachen Umstand deutlich macht, desto leichter fällt es, geduldig zu bleiben.

Die Lektüre philosophischer Texte ist kein Wettlauf. Es gibt niemanden, der mit einer Stoppuhr nachmisst, wie lange man dieses Mal für einen Text gebraucht hat. Zu Beginn ist es ganz normal, dass man in mehreren Stunden nur einige Seiten eines philosophischen Textes schafft. Das liegt weder daran, dass man selbst zu beschränkt ist, noch daran, dass der Text unverständlich geschrieben ist. Man ist es nur noch nicht gewohnt, komplizierte Texte in ihrer ganzen Bandbreite schnell zu durchdringen. Deswegen ist es wichtig, regelmäßig Pausen einzulegen. Der »Denkmuskel« muss sich entspannen können, man muss über das Gelesene nachdenken und vielleicht erst einmal einen Zugang finden, der einen weitermachen lässt. Wer schrittweise vorgeht, erspart sich den gedanklichen Muskelkater.

(6) Einen Text Satz für Satz lesen.

Gerade bei besonders schwierigen Texten, etwa von Hegel oder von Heidegger, empfiehlt sich eine Satz-für-Satz-Lektüre. Damit ist nicht gemeint, nach jedem Satz innezuhalten und in sich hineinzuhorchen, was der Satz einem sagt oder ob er einen überzeugt. Es geht auch nicht darum, über den Sinn des Satzes zu rätseln oder die Intention des Autors zu erraten. Mit Satz-für-Satz-Lektüre ist hier etwas viel grundlegenderes gemeint: Man liest den ersten Satz. Dann liest man den zweiten Satz und schaut, ob und wenn ja, inwiefern er sich auf den ersten bezieht. Auf dieselbe Weise untersucht man den dritten Satz. Und so weiter.

Es geht also darum, die Bezüge zwischen den Sätzen herauszufinden: Erklärt der Folgesatz einen bestimmten Aspekt? Fügt er einen neuen hinzu? Oder wiederholt er das Gesagte noch einmal aus einer anderen Perspektive? Wer so liest und dabei auf die grammatikalischen Bezüge achtet, kann die Erfahrung machen, dass Texte, die vorher dunkel erschienen, eine ganz eigene Ordnung aufweisen. Anstatt nach dem »Gemeinten« oder einem außer dem Text liegenden Gegenstand zu suchen, kann man sich erst einmal auf die Bezüge im Text konzentrieren und den Text von dort aus erschließen.

Man geht so vor, wie man ein LEGO-Modell nach einer Anleitung aufbaut: Stein für Stein an die dafür vorgesehene Stelle setzen. Wer einen Text so Satz für Satz liest, bringt dem eigenen Denken bei, den Denkfiguren des Philosophen zu folgen. Man »tanzt« quasi im Denken die gedanklichen »Schritte« nach, mutet dem eigenen Denken die Haltung des Textes zu – und lernt auf diese Weise mehr und mehr wie der Philosoph zu denken, den man liest.

(7) Von innen nach außen lesen.

Wer die grundlegende Architektur eines philosophischen Textes verstehen lernen will, versucht, ihn von innen nach außen zu lesen. Die Tatsache, dass man jederzeit den Text in seinen philosophiehistorischen Kontext einbetten kann, zwingt ja nicht dazu, das immer tun zu müssen. Man braucht nicht einmal ein von vornherein angemessenes Begriffsverständnis, um einem philosophischen Argument folgen zu können: Um zu verstehen, dass ein Hoxel zugleich prilam und fulam sein kann, nicht aber abattas, muss ich zunächst weder wissen, was ein »Hoxel« ist, noch, was »prilam«, »fulam« oder »abattas« bedeuten. Das begriffliche Verhältnis, in dem diese Begriffe stehen, ist trotzdem gegeben.

Natürlich verwenden Philosophen nicht Begriffe wie »Hoxel« oder »abattas«, sondern sie greifen auf die Begriffe der Tradition zurück, auf die sie sich beziehen. Es gibt Einzelfälle, in denen Philosophen – aus purer Begriffsnot oder aus systematischen Gründen –

eigene Begriffe schaffen, um ihren Gedanken Ausdruck zu verleihen. Manchmal entleihen sie auch Wörter aus ihrer Alltagssprache und geben ihnen einen neuen Sinn – einige der wichtigsten griechischen Grundbegriffe der Philosophie bei Aristoteles sind so entstanden.

Dennoch kann es sein, dass sie einen Begriff nicht genau so verwenden wie der Philosoph, auf den sie sich für diesen Begriff berufen. Manchmal basiert ihre ganze Kritik auf einem anderen Begriffsverständnis. Der immer wieder mögliche Gebrauch alter Begriffsworte in neuen Begriffen führt oft genug zu produktiven Missverständnissen. Deswegen sollte man gerade bei bekannten Begriffen sehr aufmerksam darauf achten, wie ein Philosoph sie bestimmt bzw. gebraucht. Wer darauf achtet, muss sich nicht an einem irgendwo »hinter« dem Text liegenden Sinn abarbeiten. Er kann am Begriffsgebrauch den Begriff erkennen.

(8) Nach der Ausgangsfrage oder dem Denkproblem des Philosophen suchen.

Der Anlass für philosophische Texte ist, in den meisten Fällen, eine Frage oder ein Problem. Sie bilden den Ausgangspunkt für den Gedankengang und den Maßstab dafür, ob man die Frage beantwortet oder das Problem gelöst hat. Entsprechend sinnvoll kann es sein, nach dieser Fragestellung oder der Problemstellung im Text zu suchen. Oft verbirgt sich das Problem auch in einer These, die der Philosoph aufstellt. Manchmal versteckt es sich aber auch in den oben bereits genannten Paratexten, also in Vorreden, Einleitungen und Anmerkungen.

Das Denkproblem zu finden ist für das Verständnis eines philosophischen Textes zentral. Wer nicht versteht, worum es in dem Text geht, kann seine Argumentation dazu auch nicht angemessen beurteilen. Deswegen ist es wichtig, herauszufinden, was der Text zu seinem Problem macht: Will er etwas empirisch Gegebenes beschreiben? Oder will er eine These argumentativ rechtfertigen? Geht es ihm um reale oder um begriffliche Verhältnisse? Fragt er nach der Genese, dem Prozess, der Entwicklung – oder nach der Geltung, der logischen Übereinstimmung mit sich selbst? Übernimmt der Text ein Problem von einem anderen Philosophen oder formuliert er ein eigenes Problem?

Das Denkproblem eines philosophischen Textes findet sich oft im Haupttext ausformuliert wieder. Manchmal geht der Philosoph aber auch davon aus, dass der Leser das Problem schon erkennt, weil es zu seiner Zeit den Diskurs beherrscht hat. Für uns, als spätere Leser, bedeutet das oft, dass wir erst einmal verstehen müssen, auf welchen Kontext die Problemstellung eines Textes antwortet. Oft formulieren Philosophen auch etwas, das sie für ihr Denkproblem halten. In der Überarbeitung des Textes fällt ihnen dann aber auf, dass dieses Denkproblem auf einem noch grundlegenderen zweiten Denkproblem aufruht. Auch solche Beobachtungen landen nicht selten in den Anmerkungen, in Vorreden und anderen Paratexten. Manchmal gibt es sogar mehrere Denkprobleme, insbesondere dann, wenn aus der Lösung eines Denkproblems sich neue ergeben. Allgemein lässt sich sagen: Wer das Problem eines Philosophen verstanden hat, kann nachvollziehen, warum sein Werk oft die verschlungenen Wege geht, die uns auf den ersten Blick so unverständlich scheinen.

(9) Den Text für sich systematisch gliedern.

Wer in einem Text das Denkproblem gefunden hat, kann sich an eine kleinteiligere Analyse der Gliederung des Textes machen. Zu einer Problemstellung gehört meistens eine These, wie das in ihr zugrundegelegte Problem zu lösen ist. Thesen erscheinen in vielen Formen – manche sind so kurz und knapp, dass man mehrere davon in eine Liste setzen kann und nacheinander durchdenkt. Manche Thesen müssen selbst erst einmal erläutert werden, was nicht selten dazu führt, dass die Thesenerläuterung selbst zu einem signifikanten Teil des philosophischen Werks wird.

Hat man die Thesen von den Thesenerläuterungen unterschieden und letztere auf erstere bezogen, kann man nach den Begründungen für die Thesen suchen. Oft werden Begründungen mit Begriffen wie »da«, »weil« oder »denn« eingeleitet, so dass man sie leicht erkennen kann. Aber auch Begründungen können einfach oder komplex sein. Manchmal nimmt der Philosoph die Einwände seines Lesers vorweg und formuliert und diskutiert sie mittels einer rhetorischen Frage oder eines Dialogs mit sich selbst. Aus Thesen und Begründungen können Schlussfolgerungen gezogen werden: »daraus folgt« oder »also« leiten sie ein. Als Leser können wir außerdem auf stille Voraussetzungen achten, die der Philosoph macht: Sie reichen von Begriffen, die unerklärt in Anspruch genommen werden, über bestimmte Grundsätze, die der Philosoph als evident betrachtet, bis hin zu allen möglichen Verhältnissen im und am Text. Schließlich sind philosophische Argumentationen meistens mit einer ganzen Reihe von erläuternden Abschnitten – Exkursen, Beispielen, Bildern, Anspielungen usw. – angereichert, die dazu dienen, dem Leser den Sachverhalt klar werden zu lassen.

Wer in einem Text Ausgangsfrage und Denkproblem (in der Ein- oder Mehrzahl), Thesen, Thesenerläuterungen, einzelne Thesen oder den Gesamtzusammenhang betreffende Begründungen, Schlussfolgerungen, stille Voraussetzungen und erläuternde Abschnitte in ihrer Funktion unterscheiden kann, hat gute Chancen, sich den Text ohne große Schwierigkeiten anzueignen.

(10) Stilmittel beachten.

Philosophen setzen sich nicht nur mit Denkproblemen und Argumentationen auseinander. Sie sind auch Autoren, die literarisch anspruchsvolle Texte schaffen. Wer diese Texte nur auf den Argumentationszusammenhang reduziert, kann die Funktion übersehen, die literarische Stilmittel in philosophischen Texten spielen können. Das klassische Beispiel dafür ist Platon: Seine Dialoge geben nicht eine von ihm für den Leser vorgesehene Lehre in einer ästhetisch ansprechenden Form wieder. Vielmehr besitzt die zuweilen dramatische Dialogform selbst eine zentrale Funktion für das, was Platon in ihr darstellt: Wer nur auf den Inhalt des Textes achtet, verpasst die Möglichkeit, etwas darüber zu lernen, *auf welche Weise* Sokrates einem Sophisten zeigt, dass er seinen Geltungsanspruch zu Unrecht erhebt.

Ebenso können andere Formen für philosophische Probleme stehen, die im Inhalt thematisiert oder vielleicht auch gerade nicht thematisiert werden, sondern nur in der Form erscheinen. Philosophische Aphorismen können z. B. zum Ausdruck bringen, dass der Philosoph selbst ein Denkproblem damit hat, sein Denken als systematisches Denken zu betrachten. Ihre Vielzahl kann dann ebenso zum Thema werden wie etwaige Widersprüche oder Spannungen zwischen ihnen.

Philosophie ist mit der Mathematik ebenso verwandt wie mit dem antiken Theater. Sie spricht nicht nur über bestimmte Themen und sucht nicht nur nach Gründen; sie vollzieht dieses Sprechen und diese Suche auch in ihrem Text. Nicht wenige philosophische Texte kann man so als Inszenierungen dessen lesen, worüber sie sprechen. Auf dieser *performativen* Ebene des Textes spielen entsprechend solche Stilmittel eine Rolle, die wesentlich indirekt oder anzeigend funktionieren. Sie ermöglichen es dem Philosophen, auch noch das, was aus seiner Sicht unsagbar erscheint, im Zusammenspiel von Inhalt und Operation in Erscheinung treten zu lassen.

Viele Philosophen sind literarisch und rhetorisch vorgebildet. Entsprechend setzen sie ebenso Stilmittel der Dichtung – d. h. des Epos, der Lyrik oder des Dramas – zur Behandlung ihres Denkproblems und ihrer Thematiken ein, wie rhetorische Figuren und Konstruktionen. Was in der rhetorischen Rede aber zur Verzierung dient oder die Rede nur interessant machen soll, kann aus philosophischer Sicht ein Problem repräsentieren oder die Aufgabenstellung anzeigen. Viele der sogenannten großen Philosophen sind außerdem ausgesprochene Ironiker, manchmal auch sarkastisch oder zynisch. Aber was, wie Lakonie oder philosophische Dichtung, auf den ersten Blick als bloße Pose erscheint, kann ebenso wie die rhetorischen Mittel eine philosophisch interessante Spannung anzeigen. Ironie stellt etwa das in Frage, worüber sie zugleich spricht – sie funktioniert darin nicht selten als Ausdruck von Zweifel oder Distanz.

(11) Auch große Philosophen machen Fehler!

Gerade wenn man große, sehr berühmte Philosophen zum ersten Mal liest, neigt man zu einer Art Ehrfurcht. Diese Ehrfurcht kann zu zwei Haltungen führen, die jede für sich einseitig ist: In der ersten Haltung traut man sich gar nicht, Widerspruch gegen einen so bedeutenden Denker zu formulieren. Der Respekt vor dem großen Philosophen überwiegt so sehr, dass man ihm Irrtümer höchstens in unbedeutender Zahl zugestehen will. Man genügt sich selbst oft genug als unkritischer Nachfolger. Die zweite Haltung ist zunächst eingeschüchtert, entwickelt dann aber gegen die eigene allzu große Ehrfurcht eine Art Trotzhaltung. Man besinnt sich auf das Märchen von des Kaisers neuen Kleidern – und macht es sich zur Aufgabe, den nur vermeintlich großen Philosophen als Scharlatan zu entlarven.

In beiden Haltungen spiegelt sich allerdings die gleiche Voraussetzung: Dass mögliche Fehler über das Wohl und Wehe eines philosophischen Textes entscheiden, weil der letzte Maßstab, an dem ein solcher Text gemessen werden kann, so etwas wie Richtigkeit, Wahrheit oder Konsistenz ist. Diese Voraussetzung wird noch verstärkt durch die Annahme, Philosophie sei die Suche nach der Wahrheit, die in vielen Einführungen in die Philosophie – und von vielen Philosophen selbst – vertreten wird. Entsprechend ist man in der ersten Haltung versucht, etwaige Fehler des betreffenden philosophischen Textes herunterzuspielen und gegen Angriffe zu verteidigen. In der zweiten Haltung kann dagegen die Vorstellung verlockend sein, sich mit dem Hinweis auf solche Fehler über einen großen Philosophen zu stellen. Man erscheint sich dann vielleicht selbst ein bisschen größer als dieser große Philosoph – oder zeigt wenigstens, dass auch vermeintliche philosophische Genies nur mit Wasser kochen.

Einen philosophischen Text daraufhin zu befragen, ob er wahr, richtig oder gültig ist, ist sicherlich eine mögliche, auch philosophisch durchaus legitime Perspektive. In der Philosophie geht es ja auch und vor allem darum, gute Argumente für die eigene Sache vorzubringen. Wer dabei scheitert, dessen Argumentation kann nicht überzeugen. Wer philosophische Texte allerdings nur daraufhin betrachtet, ob sie Fehler machen, und sie verwirft, wenn sie sie machen, bringt sich um die Gelegenheit, aus diesen Fehlern zu lernen. Denn auch diese Fehler sind Ausdruck eines philosophischen Denkens.

Auch große Philosophen machen Fehler – und nicht selten haben Fehler etwas mit dem Denkproblem eines solchen Philosophen, mit seinen stillen Voraussetzungen oder mit historisch (noch) nicht verfügbarem Wissen zu tun. Wer Texte nicht ausschließlich auf ihre Wahrheit, Richtigkeit oder Konsistenz hin beurteilt, der kann noch anderes an und in ihnen entdecken. Und oft ist es gerade das so Entdeckte, was einem einen neuen Gedanken aufzeigt, anstatt sich selbst in der Vorstellung zu gefallen, allen großen Philosophen überlegen zu sein. Manchmal kann es sogar sein, dass bei genauerem Hinsehen nicht der große Philosoph ein vermeintlich großer Philosoph ist, sondern der Fehler nur ein vermeintlicher Fehler. Um diese Gelegenheit sollte man sich im Studium philosophischer Texte nicht von vornherein bringen, nur weil man endgültige Wahrheit oder Weisheit von der Philosophie erwartet.

(12) Immer den Kontext beachten!

Hat man sich mit einem Text soweit vertraut gemacht, dass man sich in ihm einigermaßen zurechtfindet, sollte man sich den Kontext des Textes vergegenwärtigen. Nicht alle Texte sind auf derselben Ebene verfasst. D. h. ihre Einstiegshöhen unterscheiden sich voneinander: Handelt es sich um eine Einführung? Eine Antwort auf einen bestimmten Diskussionsbeitrag? Eine Kritik einer bestimmten Tradi-

Dreizehn Tipps zur Lektüre philosophischer Texte 43

tion? Beansprucht der Text einen eigenen Forschungsbeitrag, oder will er nur einen Kommentar zu einem anderen Text liefern?

Damit verbunden sind Fragen der Textgattung. Philosophische Texte werden, seit der Antike, in ganz verschiedenen Formen verfasst. Darunter fallen u. a. Fragmente, Lehrgedichte, Dialoge, Abhandlungen, Erzählungen, Briefe, Gebete, Aphorismen und Sprüche, aber auch Vorlesungen, Kommentare und Monographien, sowie Spezialformen wie Quaestio, Summe, Traktate und Essays usw. Die jeweilige Textgattung gibt auch Aufschluss darüber, mit welchem Tiefgang ein Philosoph sein Problem oder Thema behandelt, ob er einem Schema folgt, das ihm eine bestimmte Schule vorgibt, oder ob er seine Gedanken frei miteinander verbindet.

Schließlich sollte man immer auch auf die Art und Weise achten, wie ein Text die philosophische Tradition rezipiert, über die er spricht. Nennt er nur bestimmte Namen? Wenn ja: Wofür stehen sie? Für eine ganze Schule, ein Einzelwerk oder gar nur einen bestimmten Text? Stellt er andere philosophische Positionen ausführlich dar? Auf welche Texte bezieht er sich dabei – und auf welche nicht? Wer soweit gekommen ist, kann weiterführende Fragen stellen: Sind die Darstellungen anderer Positionen korrekt? Sind sie vollständig? Beachten sie den Werkzusammenhang, auf den sie sich beziehen, oder greifen sie ein pauschales Urteil über den Philosophen auf, das ihm eigentlich gar nicht gerecht wird?

Die gleichen Fragen lassen sich auch auf Beiträge aus der Sekundärliteratur übertragen. Solche Beiträge sind häufig von einem bestimmten philosophischen Paradigma oder aus einer bestimmten Schulperspektive heraus geschrieben. Auch hier gilt: die Voraussetzungen sind entscheidend, um zu beurteilen, ob wirklich über den Text und nicht viel eher über eine bestimmte zurechtgemachte Vorstellung von diesem Text gesprochen wird. Grundsätzlich gilt hier wie dort: das Kriterium ist der Text. Was für Texte gilt, gilt auch für Kritik – wenn sie etwas kritisiert, was gar nicht im Text steht, kann sie ihre Sache nicht überzeugend vertreten.

(13) Eigene Lektüre organisieren.

Wenn man den vorangegangenen zwölf Punkten folgt, kann man eine ganze Menge über die Texte herausfinden, die zunächst so unverständlich erschienen sind. Oft kommen zu den angestellten Beobachtungen noch eigene Überlegungen, Kommentare, Anmerkungen, Ideen hinzu. Deswegen sollte man philosophische Texte immer mit einem Stift und einem Notizblock in der Hand lesen. Wichtige Passagen kann man im Text unterstreichen – oder sie von Hand in die eigenen Notizen übertragen. Oft prägen sich wichtige Gedankengänge so besser ein. Wer einen Text auf diese Weise liest und die eigene Lektüre in Notizen dokumentiert, kann später auf die eigenen Gedanken, die einem während der Lektüre gekommen sind, wieder zurückgreifen.

Aus diesem Grund sollte man nicht nur die Textlektüre, sondern auch die Organisation der eigenen Notizen systematisch angehen. Hier gibt es kein Patentrezept – jeder organisiert die eigenen Gedanken anders. Manche schreiben sie auf kleine Zettel, aus denen dann mit der Zeit umfangreiche Zettelkästen werden. Das hat den Vorteil, dass die Zettel aufeinander verweisen können und so schon ein Netzwerk der eigenen Gedanken bilden. Andere legen von jedem Text ein Lektüre-Exzerpt an, d. h. ein – in Form und Gestaltung immer gleich angelegtes – Dokument, in das dann Textzitate, eigene Überlegungen und Anmerkungen am Rand oder in Einschüben eingefügt werden können. Wieder andere benutzen lose Notizzettel, auf denen erst einmal alles notiert wird und die dann im Nachhinein gelesen und sortiert werden. Jede dieser Vorgehensweisen hat den gleichen Zweck: Die eigenen Gedanken festzuhalten und eine Zusammenschau der einzelnen Notizen im Sinne eines eigenen Interesses zu ermöglichen.

Wer sich zu jedem Text eine zugehörige Notiz anlegt, dem wird es irgendwann nicht mehr schwer fallen, gegenüber philosophischen Texten eine hypothetische, nicht-dogmatische Haltung zu bewahren. Die Vielfalt der Perspektiven, die man auf einen Text haben kann, wird ja schon in den eigenen Notizen dokumentiert. Manchmal lohnt es sich, eine Lektüre nach einiger Zeit zu wiederholen, noch einmal etwas dazu zu notieren und dann die Notizen zu vergleichen.

Genau wie bei der Textlektüre gilt es auch hier, nicht irgendeinem unerreichbaren Ideal von Vollständigkeit oder letztgültiger Wahrheit hinterherzulaufen. Wer stattdessen das eigene Textverständnis als stets vorläufig betrachtet und nicht auf einen schnellen Abschluss drängt, kommt nicht nur dem philosophischen Text näher, sondern irgendwann auch einer eigenständigen philosophischen Position.

Keine Angst vor dem ›Hauptwerk‹

Manch eine philosophische Einführung empfiehlt Anfängern der Philosophie, sich erst einmal an leichten oder einfach verständlichen philosophischen Texten zu versuchen. Das hat den Vorteil, dass man sich an den »Sound« eines Philosophen gewöhnen kann, ohne gleich von einem vielseitigen Werk erschlagen zu werden. Es birgt aber den Nachteil, dass man stillschweigend die Voraussetzung akzeptiert, irgendjemand habe festzulegen, wann ein Text »leicht« oder »schwer« ist. Wenn man selbst im Umgang mit philosophischen Texten noch unsicher ist, hilft einem diese Voraussetzung natürlich. Man kann sich selbst mit dem Gedanken beruhigen, dass man eben noch nicht so weit ist, »schwere« philosophische Texte zu verstehen. »Leichtere« Texte scheinen ein guter Kompromiss zu sein: Man liest Philosophie und umgeht zugleich das Gefühl der Überforderung.

Hinzu kommt, dass in sogenannten »leichteren« Texten Philosophen ihre andernorts entwickelte Lehre für ein breiteres Publikum darstellen. Manche von ihnen neigen dann dazu, ihre eigentlich sehr komplexen Überlegungen zu vereinfachen und »allgemein verständlich« auszudrücken. Dabei bleiben nicht selten wichtige Differenzierungen auf der Strecke. Manchmal setzen die vermeintlich »leichteren« Texte eines Philosophen auch seine Überlegungen in einem seiner umfangreicheren Werke voraus. Ohne die Kenntnis dieser Voraussetzungen kann es sein, dass man der Ansicht ist, den »einfacheren« Text verstanden zu haben, obwohl man ihn gerade deswegen verfehlt, weil man seine Voraussetzungen nicht kennt.

Der üblicherweise eingeschlagene Weg in das Werk eines Philosophen sieht oft so aus: Man überfliegt erst einmal den betreffenden Wikipedia-Artikel, um sich einen Eindruck zu verschaffen. Dann besorgt man sich eine Einführung, die einem das Einzelwerk oder das Gesamtwerk des Philosophen näher bringen soll. Im Seminarapparat findet sich außerdem nicht selten ein Reader mit Aufsätzen, die der Dozent aus seiner Perspektive hilfreich findet. Dann sucht man sich einen Text, den man halbwegs versteht und versucht es damit. So gewinnt man, nach und nach, ein puzzleartiges Verständnis davon, worum es ungefähr geht und wie »Hauptargumente« des betreffenden Philosophen ungefähr lauten. Man denkt sich: für einen Leistungsnachweis wird es schon reichen – und begibt sich in die Seminardiskussion.

Dort vertritt man recht unnachgiebig das, was man verstanden zu haben glaubt. Kritisch wird es lediglich noch einmal, wenn man eine Hausarbeit schreiben muss. Im Zweifelsfall muss man dann doch noch in den philosophischen Text hineinlesen – freilich nur die Stellen, um die es in der Hausarbeit gehen soll. Für den Rest gibt es wieder Sekundärliteratur, mit der man sich behelfen kann. Wenn man sie so klug auswählt, dass sie die philosophische Position des Dozenten trifft, kann man vielleicht sogar auf eine bessere Note hoffen.

So oder so ähnlich sieht der Weg aus, den man als pseudo-philosophische Improvisation bezeichnen könnte. Wieder ist der Grund für diese Vorgehensweise oft weniger Faulheit, als Überforderung und Zeitmangel. Es kommt in der Bologna-Universität vor allem auf das Ergebnis an. Und solange keine Abschlussprüfung ansteht, in der Grundlagenwissen abgeprüft wird, kommt man mit einer solchen pseudo-philosophischen Improvisation ganz gut über die Runden. Man kann vor den Kommilitonen und dem Dozenten mit Wissen glänzen, bekommt die notwendigen Punkte und nimmt, wenn es gut läuft, auch noch ein bisschen für sich selbst mit.

Die Perspektive dieser Vorgehensweise ist eigentümlich verkehrt. Das, was sich auf dem Weg des eigenen Studiums nebenher ergeben sollte – Diskussionsbeiträge, Hausarbeiten –, wird zum entscheidenden Ergebnis gemacht. Und das, worauf das eigene Studium eigentlich abzielt, die Ausbildung im philosophischen Denken, wird zum bloßen Nebeneffekt eines auf Arbeitsproben und Ergebnisse fixierten Studiums. Anstatt sich planvoll und systematisch mit der Sache und der Argumentation eines Philosophen auseinanderzusetzen, wird gemogelt und getrickst, zusammengestoppelt und improvisiert. Wenn es auf das Ergebnis ankommt, ist der Weg dorthin nicht so wichtig.

Aber im Philosophiestudium kommt es gerade auf den Weg an, nicht auf das Ergebnis. Die großen Philosophen sind nicht deswegen groß, weil sie am Ende ihres Schaffens endgültige und vollendete Werke vorgelegt hätten. Im Gegenteil: die überwältigende Mehrheit der philosophischen Tradition besteht aus unvollendeten Gesamtwerken, die sich nicht selten aus unvollendeten, Fragment gebliebenen Einzelwerken zusammensetzen. Unvollständigkeit ist nicht Mangel, sondern Regel in der Philosophie.

Genau deswegen braucht man auch keine Angst vor philosophischen Hauptwerken zu haben. Hauptwerke sind keine monolithischen Weisheitsschriften, die man erst nach einer langen Initiation lesen darf. Sie sind im Gegenteil gerade die Texte, in denen der Autor mit allen ihm zur Verfügung stehenden Mitteln um Verständlichkeit ringt. Was auf den ersten Blick als »einfacher« erscheint – kurze Texte, die sich an einer Vorstellung von »Allgemeinverständlichkeit« orientieren –, ist oft wesentlich schwieriger, weil wesentlich voraussetzungsreicher als die »schwierigen« Hauptwerke.

Das hängt mit einer Mehrdeutigkeit unserer Vorstellung von »Verständlichkeit« zusammen: Wir halten oft das für »verständlich«, was unseren Voraussetzungen entspricht. Entsprechend ist für uns das »unverständlich«, was uns irritiert. Wenn wir philosophische Texte an unserer Vorstellung von »Verständlichkeit« messen, kann es uns passieren, dass wir nur in dem bestätigt werden, was wir schon zu wissen glauben. Das führt häufig so weit, dass wir einen philosophischen Text gerade deswegen so gut finden, weil er unsere Sichtweise bestätigt – oder genau deswegen ablehnen, weil er ihr widerspricht. Je mehr Texte wir auf diese Weise lesen, desto öfter werden unsere Voraussetzungen bestätigt. Sie werden immer stärker und gleichzeitig wird die Chance immer geringer, dass wir eine andere Perspektive als die unsere einnehmen können. Wir sorgen damit nur für unsere Selbstbestätigung und halten das für philosophische Bildung.

Aber philosophische Bildung schließt die Bereitschaft ein, nicht nur die Argumente und Voraussetzungen anderer zu prüfen, sondern auch und besonders unsere eigenen. Sonst entdecken wir ja immer nur das, was wir schon mitgebracht haben. Wir täuschen uns in eine Selbstverständlichkeit hinein, die sich daraus ergibt, dass wir Philosophen an dem messen, was für uns selbstverständlich ist. Je einfacher ein Philosoph es uns dann macht, diese Selbstverständlichkeit herzustellen, desto lieber lesen wir Texte, die das ermöglichen. Irgendwann trennen wir sein Werk in »verständliche« und »unverständliche« Texte und schließen letztere von vornherein von unserer Lektüre aus. Denn welchen Sinn sollte es haben, sich mit Unverständlichem auseinanderzusetzen?

Wer gerade erst damit anfängt, sich mit philosophischen Texten zu beschäftigen, ist es meistens nicht gewohnt, dass ein Gedankengang sich über viele hundert Seiten erstrecken kann. Eine häufige Klage in Philosophieseminaren lautet dann: »Kann man das nicht viel einfacher ausdrücken?« Sie wird oft von einer Art unwilliger oder genervter Abwehrhaltung gegen die Ausführlichkeit begleitet, in der Philosophen ihre Gedanken präsentieren. Hinzu kommt die

Abneigung gegenüber einer Sprache, die als umständlich oder altertümlich verstanden wird.

All das – die ausschließliche Orientierung am Ergebnis, an der eigenen Vorstellung von »Einfachheit« und »Verständlichkeit«, die Klage über die Abweichung vom gewohnten Sprachbild, die Irritation durch die Detailtiefe eines Gedankens, der einem selbst, wie man meint, niemals so ausführlich gelingen wird – kann man als Versuch verstehen, der eigentlichen Auseinandersetzung mit einem philosophischen Gedanken zu entgehen. Wie bei jemandem, der zum ersten Mal Sport treibt, sucht man Möglichkeiten, der Anstrengung zu entkommen. Im Sport heißen solche Bewegungen »Ausweichbewegungen«. Genau solche Ausweichbewegungen macht man auch, wenn man einen und hundert andere Gründe findet, warum man die Auseinandersetzung mit einem Philosophen nicht wagen will. Weil einige dieser Ausreden es zu zentralen Ausgangspunkten einiger philosophischer Schulen gebracht haben, schließt man sich diesen Schulen an und ist beruhigt: Nie wieder Platon, Spinoza, Hegel, Heidegger, Nietzsche. Lieber in der eigenen Komfortzone bleiben im Bewusstsein, dass das, was man hinter sich gelassen hat, so wichtig gar nicht sein kann – wenn es so unverständlich, scheinbar umständlich und unklar formuliert ist oder nur mehr historischen oder literarischen Wert besitzt.

Diesen Ausweg aus der Philosophie, der sich selbst mit einem Weg der Philosophie verwechselt, kann man einschlagen. Muss man aber nicht. Man kann die Herausforderung annehmen, die ein Philosoph einem stellt, und die eigenen Ausweichbewegungen durch ein langsames und konzentriertes Training, durch echte Trainingsbewegungen ersetzen. Wie bei einem Krafttraining bekommt man dann erst mal einen Muskelkater. Aber wenn man das Training langsam und konzentriert fortsetzt, merkt man ziemlich bald echte Erfolge.

Die Ausweichbewegungen können wir am besten verlernen, wenn wir uns direkt mit Hauptwerken auseinandersetzen. Dabei darf man sich keine Illusionen machen: Die allerersten Übungen sind noch keine besonders tiefen philosophischen Gedanken, sondern erst einmal recht technisch: Geduld, Ausdauer, häufiges Zurückkehren zum Text, langsames und aufmerksames Lesen sind zu Beginn ziemlich anstrengend. Aber auch hier gilt der Wiederholungseffekt: Je öfter man sich selbst überwindet und mit dem Text auseinandersetzt, desto schneller gewöhnt man sich daran. Manchmal merkt man es gar nicht – und der Text, der vor einem halben

Keine Angst vor dem ›Hauptwerk‹

Jahr noch wie ein Buch mit sieben Siegeln erschien, ist mit einem Mal flüssig lesbar.

Dabei hilft es, wenn wir Hauptwerke nicht als Texte verstehen, die ein Philosoph absichtlich »schwer« geschrieben hat, um uns zu beeindrucken oder um Tiefgang vorzutäuschen. Vielmehr sollten wir das, was wir »schwer« finden – die Detailtiefe der Argumentation, den kritischen Umgang mit überkommenen Begriffen, das Angebot einer anderen, nicht-selbstverständlichen Perspektive – als Versuch des Philosophen betrachten, es uns einfach zu machen. Die umfangreichen Vorreden, Vorworte und Einleitungen, die viele Philosophen ihren Werken voranschicken, dienen nicht selten dazu, eine Einführung in den eigenen Gedanken zu geben. Sie bemühen sich, den zeitgenössischen Leser dort abzuholen, wo er mit einer durchschnittlichen philosophischen Bildung steht, um seine Sichtweise nach und nach zu irritieren. Die häufig sehr ausführlich gestalteten Kapitel und Unterkapitel wollen es dem Leser nicht schwer machen, sondern versuchen im Gegenteil, einen komplizierten Gedankengang übersichtlich zu gestalten.

Schließlich hat die gründliche Auseinandersetzung mit Hauptwerken auch verschiedene Vorteile, die sich nicht aus einem Ergebnis, sondern aus dem Weg ergeben, den wir gehen. Der wichtigste Vorteil: Wenn wir ein Hauptwerk ganz gelesen haben, können wir wirklich mitreden. Wir wissen, was im Text steht. Das heißt auch, dass wir beurteilen können, wie nah sich unser Dozent oder Professor wirklich an dem Text bewegt, über den er spricht. Wir müssen Sekundärliteratur nicht mehr wie hermeneutische Schlüssel betrachten, die uns ein Werk aufschließen, sondern können selbstständig einschätzen, ob ihre Aussagen über den Text stichhaltig sind. Wer ein Hauptwerk kennt, versetzt sich selbst in die Lage, Gerede und echte Beobachtung zu einem Text voneinander unterscheiden zu können. Wir müssen uns nicht mehr von Kommilitonen beeindrucken lassen, die mit »Der Philosoph sagt …«-Argumenten hausieren gehen. Und wir haben es nicht mehr nötig, andere durch angelesenes Sekundärliteraturwissen zu beeindrucken. Von einem Empfänger einer Lehre über die Lehre eines Philosophen sind wir zu Teilnehmern eines Forschungsgesprächs geworden und können entsprechend unseren Teil dazu beitragen.

Wer ein Hauptwerk gelesen hat, der hat mit dem nächsten Hauptwerk eines anderen Philosophen weniger Probleme. Und wer mehr Hauptwerke kennt, der kann irgendwann nicht nur die Denkprobleme der einzelnen Philosophen auseinanderhalten, sondern der kann sie auch sinnvoll miteinander vergleichen. Anstatt sich einen Philosophen auszusuchen und für immer dessen Position zu vertreten, kann man sich mit dem Reichtum der Tradition vertraut machen. Wer viele Philosophen kennt, gewinnt schließlich auch einen Sinn dafür, wie sie, bei aller Verschiedenheit, aufeinander verweisen und in ihrem je eigenen Tonfall über ganz ähnliche Probleme sprechen.

Wer das erreicht – einfach, indem er ein paar Texte langsam und gründlich liest –, der hat mit Hausarbeiten und Prüfungen kein sonderliches Problem mehr. Denn er muss sich die dafür nötigen Inhalte nicht für eine pseudo-philosophische Improvisation zusammenstoppeln. Er kann aus dem Vollen schöpfen, aus der eigenen Lektüre, aus eigenen Notizen und aus Gesprächen und Diskussionen mit anderen über einen gemeinsam gelesenen Text. Das scheinbar Einfachste in der Philosophie, das Lesenlernen und das Sprechen über das, was im Text steht, ist oft ihre größte Hürde. Ist sie genommen, öffnet sich einem der riesige Garten der Philosophie, in dem man dann frei und selbstständig auf Entdeckungsreise gehen kann.

Lektürehinsichten und Analysemethoden

Hat man sich einmal von den eigenen übersteigerten Erwartungen, von Ehrfurchtshaltungen und stillen Vorurteilen über die Texte freigestrampelt, gibt es immer noch ganz verschiedene Weisen, sich einem Text zu nähern. Sie alle aufzuzählen wäre wohl unmöglich; man könnte sogar behaupten, dass beinahe jeder Philosoph eine eigene Weise besitzt, Texte zu lesen. Dennoch will ich im Folgenden aus dieser Fülle von Lektürehinsichten wenigstens drei vorstellen, die auch in der philosophischen Forschung häufig eingesetzt werden.

Wer sich mit diesen Lektürehinsichten vertraut macht, kann nicht nur an Texten Verschiedenes entdecken, sondern lernt auch zugleich, dass man diese Texte aus mehr als einer Hinsicht lesen kann. Jede dieser Hinsichten ist mit einem bestimmten Erkenntnisinteresse verbunden; jede hat ihre Vorteile und jede ihre Grenzen. Man kann sie natürlich in eine Konkurrenz zueinander treten lassen, um aus der Spannung vielleicht eine ganz neue Hinsicht zu gewinnen. Aber vielleicht ist es sinnvoller, sie alle mit der gleichen Sorgfalt und Aufmerksamkeit einzuüben. So kann man nicht nur bei sich selbst die verschiedenen Hinsichten durchgehen, sondern kann auch ein Gegenüber besser verstehen, das einen Text vielleicht anders liest als man selbst. Auch bei Lektürehinsichten ist die Zusammenschau möglicherweise produktiver als einseitiger Wettkampf um die letzte oder letztgültige Perspektive.

Kontextgebundene Lektüre

Die erste Lektürehinsicht ist die kontextgebundene Lektüre. Sie folgt der Einsicht, dass wir als Leser ständig Voraussetzungen machen müssen, um einen Text überhaupt zu verstehen. Sie verabsolutiert diese Voraussetzungen nicht, aber sie setzt sie ein, um einen Text in einem ganz bestimmten Licht zu betrachten. Im Prinzip kann der Kontext dieser Lektürehinsicht alles Mögliche sein. Auch Fragen nach »Verständlichkeit« oder »Nützlichkeit« bzw. »Relevanz« sind kontextgebundene Fragen, die dabei helfen können, ein Verständnisproblem oder die Problematik der in ihnen gemachten Voraussetzungen zu verdeutlichen.

Die mit Abstand häufigsten Kontexte sind allerdings »Geschichte« und »Biographie«. Philosophische Texte sind ja nicht vom Himmel gefallen, sind nicht nur Auseinandersetzungen mit bestimmten Denkproblemen, sondern auch historische Quellen, aus denen wir etwas über die Zeit erfahren können, aus der sie stammen. Viele philosophische Texte aus der Antike etwa verraten uns auch etwas darüber, wie die Menschen gelebt haben, welche Fragen sie beschäftigt haben, was sie gelesen und wie sie ihren Alltag organisiert haben. Manchmal sind solche Texte das Einzige, was die Zeit überdauert hat, weil man sie wegen ihres philosophischen Gehalts für wertvoll erachtete.

Anders als andere historische Quellen sind sie nicht nur Ausdruck ihrer Zeit, sondern setzen sich auch mit ihr reflektierend auseinander. Was wir in philosophischen Texten lesen können, ist also stets aus einer bestimmten Perspektive auf die ihnen eigene Zeit geschrieben. Sie teilen zwar auch Ereignisse mit und nennen historische Personen, aber sie interpretieren die Zusammenhänge im Licht ihres eigenen Erkenntnisinteresses. Sie nehmen diese Zusammenhänge als Ausdruck ihres eigenen Denkproblems oder gewinnen ein solches in der kritischen Auseinandersetzung mit ihnen.

Deswegen muss eine historische Betrachtung philosophischer Texte immer darauf achten, auf welcher Ebene sie sich gerade befindet. Ein platonischer Dialog etwa wurde von seinem Autor zu einer bestimmten Zeit geschrieben, weswegen sich in ihm auch Anspielungen auf tatsächliche Ereignisse finden lassen. Zugleich stellt er die Personen, die sich im Gespräch befinden, nicht mit dem Anspruch moderner historischer Korrektheit dar. Am deutlichsten lässt sich das an dem Philosophen beobachten, der wie kein anderer Ausgangspunkt und Vorbild der abendländischen Philosophie geworden ist: Über den historischen Sokrates haben wir so gut wie keine zeitgenössischen Quellen. Was wir über ihn wissen, das wissen wir etwa aus einem Theaterstück des griechischen Dichters Aristophanes oder von seinen beiden Schülern Xenophon und Platon. Aber das Bild des Sokrates, das diese beiden zeichnen, unterscheidet sich erheblich voneinander – ebenso wie von den Darstellungen, die wir bei Platons Schüler Aristoteles finden.

Aber wenn wir die verschiedenen Ebenen auseinanderhalten, also die Ebene der tatsächlichen historischen Ereignisse, die Ebene der Interpretation bei dem jeweiligen Philosophen und die Ebene der literarischen Phantasie, die diese Interpretationen begleiten, können wir eine ganze Menge über die Philosophie erfahren. Gerade war die Rede von »Schülern« – davon wissen wir, weil diese Schüler sich auf ihre jeweiligen Lehrer als solche bezogen haben. Wir können also – manchmal nur ungefähr, manchmal sehr genau – bestimmen, welcher Philosoph welchen anderen Philosophen gelesen oder gekannt hat.

Wenn wir Philosophen aus dem historischen Kontext heraus verstehen, in dem sie geschrieben haben, können wir auch sehen, wie sie in ihre Zeit über ihre philosophische Arbeit hinaus involviert waren. Philosophen wie Nikolaus von Kues oder Leibniz hatten wichtige Aufgaben, die sie durch ganz Europa geführt haben. Philosophen wie Descartes, Hume oder Spinoza hatten neben ihrer philosophischen Tätigkeit noch einen, oft aber mehrere ganz weltliche Berufe, mit denen sie ihren Unterhalt bestritten. Heute berühmte Philosophen wie Kant, Fichte, Hegel und Schelling waren zu Beginn ihrer Karriere Hauslehrer bei wohlhabenden Familien. Andere, wie Aristoteles, Wilhelm von Ockham oder Plotin, waren von der Gunst ihrer Gönner und Geldgeber abhängig.

Betrachten wir das Leben der Philosophen als eine Bedingung ihrer philosophischen Arbeit, verstehen wir ihre Texte aus einer biographischen Hinsicht. Das Werk vieler Philosophen ist aufs Engste mit den Zufällen, glücklichen oder unglücklichen Umständen ihres Lebens verknüpft: Benjamin, Nietzsche oder Wittgenstein lebten gewissermaßen die Philosophie auch im Sinne einer Weise, das eigene Leben zu gestalten. Manche von ihnen kannten einander nur aus Briefen oder von höchstens flüchtigen Begegnungen, wie z. B. Leibniz und Spinoza. Andere wiederum verbrachten einen ganzen Lebensabschnitt miteinander – in Tübingen studierten Hegel, Hölderlin und Schelling nicht nur gemeinsam Philosophie und Theologie, sondern wohnten auch auf der gleichen Stube.

Wenn wir philosophische Texte lesen, sollten wir nie vergessen, dass sie nicht von den abgehobenen Gestalten geschrieben wurden, die unsere Lexika und Handbücher manchmal aus ihnen machen. Sie wurden von echten Menschen geschrieben, mit einem manchmal sehr aufregenden, manchmal äußerst langweiligen Lebenswandel. Sehr viele von ihnen waren Zeit ihres Lebens abhängig von anderen; manche von ihnen waren arm wie eine Kirchenmaus. Andere hatten Zeit für die Philosophie, weil sie reich geboren wurden. Entsprechend unterscheidet sich auch ihr Blick auf das eigene Leben und das Leben anderer.

Die Tatsache, dass man philosophische Texte als historische Quellen und Ausdruck eines gelebten Lebens beschreiben kann, bedeutet aber nicht, dass es sinnvoll wäre, sie darauf zu reduzieren. Das würde unter der Hand eine Hierarchie zwischen verschiedenen Lektüreinsichten etablieren. Wer ein philosophisches Werk nur als historisches oder biographisches Dokument liest, der landet schnell in bloß geschichtswissenschaftlichen Darstellungen oder in psychologischen Spekulationen.

Wer aber nicht auf die Verabsolutierung dieser Lektüreinsicht hereinfällt, der kann die Philosophiegeschichte als eine Geschichte von – oft sehr einsamen – Menschen lesen, die miteinander in einem großen Gespräch sind, das viele Jahrhunderte überspannt. Er kann verstehen, wie bestimmte philosophische Schulen entstehen, von dem Ausgangspunkt eines einzelnen Werkes bis zu einem Einfluss als kanonischer Autor auf Generationen von anderen Philosophen. Dabei wird deutlich, wie selten sich das Klischee von den weltabgewandten Philosophen bestätigt: In vielen Fällen waren sie, oft unter Einsatz des eigenen Lebens, sehr in ihre Zeit engagiert, entwarfen nicht nur Bildungsprogramme, sondern führten sie auch durch und verbündeten sich mit mächtigen Herrschern und Politikern, um Schutz vor Verfolgung zu suchen oder den eigenen Einfluss auszuweiten.

Systematische Lektüre

Die zweite Lektürehinsicht, die ich hier vorstellen will, ist die systematische Lektüre. In dem Wort »systematisch« steckt das »System«, also eine planvolle Voraussetzung, ein Schema oder ein Grundriss, nach dem man einen Text beurteilt. Eine systematische Lektüre macht bewusst bestimmte Voraussetzungen, um einen philosophischen Text zu lesen. Solche Voraussetzungen folgen nicht selten einer bestimmten philosophischen Schule.

Manche dieser Schulen leiten sich von bestimmten Philosophen her, auf die sie sich berufen: Aristoteliker, Platoniker, Thomisten, Wolffianer, Kantianer oder Hegelianer betrachten Texte vor allem im Rahmen von Kategorien oder Fragestellungen, die von dem jeweiligen Philosophen vorgebracht wurden. Andere Schulen wiederum nehmen sich ein bestimmtes methodisches oder begriffliches Ideal zum Ausgangspunkt: Ontologen, Dialektiker, Erkenntnistheoretiker, Sprachphilosophen, Hermeneuten, Phänomenologen oder Logiker folgen einer bestimmten Methode oder methodischen Perspektive, die sie bei einem Philosophen oder – als Paradigma – bei mehreren vorfinden. Eine der bekanntesten und fruchtbarsten modernen Schulen der Philosophie ist die Analytische Philosophie, deren Anhänger meistens einem Methodenideal folgen, das sich an den Naturwissenschaften orientiert.

Anstatt sich an einer bestimmten Schule oder einer philosophischen Disziplin wie Erkenntnistheorie, Logik oder Ethik zu orientieren, kann man auch von einzelnen systematischen Konzeptionen aus auf Texte blicken. Eine Analyse, die sich vor allem die Argumentation eines Textes ansieht, benötigt einen systematisch ausgeführten Begriff davon, was eine Argumentation ist und wie sie funktioniert. Dasselbe gilt für Begriffe wie »Rationalität«, »Vernunft« oder »Plausibilität«.

Der Vorteil bei einer systematischen Perspektive liegt einmal darin, dass sie jeden Text unter den gleichen Voraussetzungen betrachtet und damit die verschiedenen Texte vergleichbar macht. Dann basieren systematische Perspektiven oft selbst auf einer ausführlich begründeten philosophischen Basis. Die Methodenreflexion ist also gewissermaßen abgeschlossen, auch wenn es immer wieder zu Erweiterungen und Variationen kommt, weil bei der Lektüre bestimmte Probleme auftauchen. Schließlich erlaubt eine systematische Perspektive gerade dadurch eine Durchmusterung der gesamten Philosophiegeschichte.

So gibt es nicht nur eine, sondern gleich mehrere Philosophiegeschichten: Manche von ihnen sind unter dem Eindruck der hegelschen Dialektik entstanden, andere versuchen, die Geschichte des philosophischen Denkens als Fortschrittsgeschichte nach dem Vorbild der innerwissenschaftlichen Geschichtsschreibung zu verstehen. Ebenso wie es eine Geschichte unter systematischer Perspektive gibt, gibt es auch eine Geschichte der systematischen Perspektiven. So arbeiten systematische und kontextgebundene Lektürehinsichten oft Hand in Hand, um einen philosophischen Sachverhalt zu erschließen.

Eine Grenze dieser Lektürehinsicht liegt zunächst – wie bei allen anderen Lektürehinsichten auch – in dem Problem ihrer Verabsolutierung. Wer philosophische Texte nicht in einer systematischen Hinsicht liest, sondern sie vielmehr auf diese systematische Hinsicht reduziert, kann in einen fehlschlüssigen Zusammenhang geraten. Das gilt insbesondere dann, wenn die eigenen systematischen Voraussetzungen aus der Gegenwart stammen, aber auf antike, mittelalterliche oder neuzeitliche Autoren angewendet werden. Wer die eigene Perspektive als einzigen Maßstab voraussetzt, kann am Ende bei solchen Autoren nur noch feststellen, wie weit sie davon entfernt sind. Das Nacheinander der Philosophen wird dann zu einer Fortschrittsgeschichte konstruiert, an deren Ende man selber steht.

Eine andere Grenze liegt in den oft sehr umfangreichen Voraussetzungen, die eine systematische Perspektive machen muss. Gerade in der Analytischen Philosophie haben sich, in den letzten 30 Jahren, beinahe esoterische Perspektiven entwickelt, die vergessen haben, dass ihre Voraussetzungen nicht für jeden selbstverständlich sind. Aus ihrer Innensicht folgen sie ganz rational dem eigenen Methodenideal. Aber von außen betrachtet problematisieren sie bestimmte Voraussetzungen gar nicht mehr, während sie auf andere besonderes Augenmerk legen und sie unter Aufwendung größten Scharfsinns wieder und wieder diskutieren. Dasselbe gilt natürlich auch für andere philosophische Perspektiven. Insbesondere die oben genannten Schulen haben effektive Strategien entwickelt, um sich gegen Kritik von außen zu immunisieren. Je dunkler die Überlegungen eines Philosophen auf den ersten Blick erscheinen, desto mehr bietet es sich an, eine Hierarchie der Auslegungen zu errichten. Wer dann Hegel oder Kant verstehen will, muss sich aus Sicht solcher Schulen erst einmal mit den prominentesten Hegel- oder Kantforschern auseinandersetzen. Erst dann darf man mitreden, wobei sich diese Struktur auf jeder Ebene wiederholt. Um also über den prominenten Hegel- oder Kantforscher kompetent sprechen zu können, muss man sich erst einmal mit denjenigen auseinandersetzen, die ihn beforschen. Und so weiter.

Wer es mit der systematischen Lektürehinsicht nicht übertreibt, erwirbt mit ihr nicht nur die Kompetenz, über philosophische Texte sprechen zu können, sondern auch die Disziplin, sich an eine bestimmte methodische Vorgabe zu halten. Systematische Lektürehinsichten sind der beste Ausgangspunkt, um zu einer eigenen Auseinandersetzung zu finden. Sie geben dem Leser methodischen Halt, methodologische – also die Rechtfertigung der Methode betreffende – Rückversicherung und einen breiten Diskurs, in dem man sich mit anderen austauschen kann. Wem es zu wenig ist, die Entstehung von philosophischen Texten in historischen oder biographischen Kontexten zu beschreiben, kann mit einer systematischen Lektürehinsicht tief in die Texte eintauchen.

Allerdings darf man dabei nicht den Gewöhnungseffekt vergessen, der manche systematische Hinsichten eingeholt hat: Je öfter man etwas unter einem bestimmten Licht betrachtet, desto selbstverständlicher kann einem dieses Licht erscheinen. Entsprechend bietet es sich an, im Studium – oder Selbststudium – gleich mehrere systematische Perspektiven auszuprobieren oder miteinander zu kombinieren. Wer nicht nur phänomenologisch, sondern auch logisch-analytisch Texte lesen kann, kann die Erfahrung machen, dass diese beiden Hinsichten sich gegenseitig bereichern können. Verschiedene Herangehensweisen müssen einander nicht ausschließen – und wo sie es tun, kann man sie immer noch gemeinsam anwenden und aus ihrer Spannung neue und interessante Erkenntnisse ziehen.

Textimmanente Lektüre

Die dritte Lektürehinsicht, die hier Beachtung verdient, unterscheidet sich von der kontextgebundenen und der systematischen in einem kleinen, aber wichtigen Punkt: Sie legt keinen Maßstab an den Text an, den sie – sozusagen »von außen« – zum Text mitbringt. Sie interessiert sich vielmehr für den Aufbau, die »Architektur« eines Textes. Der Begriff »immanent« bedeutet: in etwas begriffen, innerhalb von etwas – die textimmanente Lektüre liest den Text also von innen her und schaut sich an, wie er genau funktioniert.

Wenn wir einen philosophischen Text lesen, fällt uns schnell auf, dass er – anders als andere Texte, die wir kennen – nicht über Gegenstände spricht, die uns aus dem Alltag bekannt sind. Stattdessen spricht er oft über seltsame Begriffe, zu denen wir uns gar nichts vorstellen können: über »Sein«, »Wesen«, »Substanz« oder »Materie«. Auch »Gott«, das »Absolute«, das »Nichts« oder das »Uneinholbare« sind typische Begriffe der philosophischen Tradition. Solange wir einen philosophischen Text so verstehen, dass er über einen außer ihm liegenden Gegenstandsbereich spricht, werden wir mit solchen Begriffen nicht viel anfangen können. Wir verstehen sie höchstens als eine etwas seltsame Rede über eine nicht-empirische, nicht-beobachtbare metaphysische Welt, die diese Begriffe beschreiben sollen. Viele der Probleme, die die Analytische Philosophie mit der philosophischen Tradition hat, ergeben sich aus der Voraussetzung, jeder philosophische Text müsse funktionieren wie jeder empirische Text auch: Jemand spricht über etwas, das er als *außer dem Text vorliegende Sache* beschreibt.

Diese Voraussetzung ist allerdings nicht selbstverständlich. Denn wir können uns in einem Text natürlich nicht nur auf irgendwelche empirischen Gegenstände beziehen, sondern jederzeit auch auf den Text selbst, den wir gerade schreiben. Ich habe z. B. gerade den Begriff »Voraussetzung« gebraucht und erkläre gerade, warum sie nicht selbstverständlich ist. Solche Aussagen nicht über Gegenstände, sondern über Aussagen (über Gegenstände oder über etwas anderes) können wir in einem ersten Schritt am besten verstehen, wenn wir sie uns als Leiterstufen vorstellen: Auf der ersten Stufe spricht man über den Gegenstand, auf der zweiten Stufe über die Aussage über den Gegenstand, auf der dritten Stufe über die Aussage über die Aussage über den Gegenstand und so weiter. Das »und so weiter« drückt aus, dass man solche Meta-Stufungen unendlich oft machen kann: Der griechische Begriff »meta« bedeutet u. a. »über« – und ich kann immer über etwas sprechen, darüber sprechen, dass ich über etwas spreche, wieder darüber sprechen und so weiter.

Allein auf die verschiedenen Meta-Stufen in einem Text zu achten, kann lohnenswert sein. Man kann dann entdecken, dass die allerwenigsten Texte fein säuberlich aneinandergereihte Ableitungen von einem im Vorhinein festgesetzten Prinzip verfolgen. Im Gegenteil: Die allermeisten Texte der philosophischen Tradition bewegen sich sehr bald auf einer der Meta-Stufen und beobachten die Art und Weise, wie man über etwas sprechen kann. Sie fragen dann z. B. danach, ob eine philosophische Argumentation auch überzeugen kann, setzen sich also mit den genannten Prinzipien, Gründen oder Ursachen kritisch auseinander. Dafür muss man sich allerdings nicht nur auf einer, sondern gleich auf mehreren Stufen des Textes bewegen.

Deswegen kann man in einem zweiten Schritt, wenn man über das zunächst hilfreiche Bild der Meta-Stufen verstanden hat, dass sich Aussagen auch auf Aussagen usw. beziehen können, dieses Bild wie eine Leiter zurücklassen, die wir emporgestiegen sind. Anstatt von »Metastufen« sprechen wir nun von den verschiedenen »Ebenen« oder »Dimensionen« eines Textes. Die verschiedenen »Ebenen« oder »Dimensionen« können wir, anstatt sie als eine Leiter anzuordnen, die immer nur weiter nach oben führt, auch miteinander verbinden. Hilfreich ist dabei ein Begriffspaar, das der Philosoph Eugen Fink vorgeschlagen hat: Sofern wir unsere Aufmerksamkeit auf das richten, *was* der Text sagt, *worüber* er spricht, nennen wir das die ›inhaltliche‹ Ebene. Wenn wir aber auf das schauen, was der Text *tut*, welche Begriffe er *gebraucht*, unsere Aufmerksamkeit also auf die *Art und Weise* richten, *wie* der Text gebaut ist, sprechen wir von der ›operativen‹ Ebene des Textes.[6]

Anders als bei den Meta-Stufungen, wo immer nur die nächsthöhere über die nächstniedrigere Stufe sprechen kann, kann man mit der Unterscheidung von »inhaltlich« und »operativ« zwei Ebenen *zugleich* in den Blick nehmen. So kann man etwa die Frage stellen, welche Begriffe ein Text ständig nur gebraucht, ohne sie aber jemals im Inhalt selbst zum Thema zu machen. In solchen »operativen Begriffen« lassen sich häufig Voraussetzungen entdecken, die ein Philosoph macht, z. B. weil er einer bestimmten Schule folgt oder von einem anderen Philosophen die Begriffe übernommen hat. Wenn man sich dann weiter mit der Ebene der operativen Begriffe beschäftigt, kann man auch ihre Zusammenhänge herausarbeiten und – gewissermaßen im Off, im Nichtthematischen des Textes – eine ganz eigene Systematik der Begriffe finden. Wie bei einer gotischen Kathedrale bilden solche Systeme aus operativen Begriffen eine Art

---

6   Fink, Eugen: Operative Begriffe in Husserls Phänomenologie, in: Zeitschrift für philosophische Forschung 11,3 (1957), S. 321–337; Schobinger, Jean-Pierre: Operationale Aufmerksamkeit in der textimmanenten Auslegung, in: Freiburger Zeitschrift für Philosophie und Theologie 39 (1992), S. 5–38.

»Gerüst« des Textes, das uns bei unserer normalen, nur auf den Inhalt achtenden Lektüre selten oder gar nicht auffällt.

Wenn wir philosophische Texte auf diese Weise textimmanent lesen, wird uns aber schnell auffallen, dass sie diese Aufmerksamkeit auf ihre eigene operative Ebene häufig selbst in einem nicht unbeträchtlichen Ausmaß entwickelt haben. Das heißt: Philosophische Texte sprechen nicht nur – oder sogar eher selten – über Gegenstände, die sich außerhalb von ihnen finden. Sie interessieren sich auch und insbesondere für die Frage, wie man eine Rede über diese Gegenstände rechtfertigen kann. Und genau dafür müssen sie nicht nur bei anderen Philosophen operative Begriffe beschreiben, in denen sie die Voraussetzungen – Prinzipien, Gründe, Ursachen – von deren Argumentation ausmachen können. Sie müssen auch in ihrem eigenen Text darauf achten, dass ihnen die eigenen Voraussetzungen nicht unbekannt sind und sie sich nicht nur in vermeintlichen Selbstverständlichkeiten bewegen.

In der textimmanenten Lektürehinsicht gewinnen dann auch Begriffe wie »Sein«, »Wesen«, »Substanz«, »Materie«, »Gott«, das »Absolute«, das »Nichts« oder das »Uneinholbare« einen anderen Sinn. Sie beschreiben nicht mehr irgendeine Hinter- oder metaphysische Gegenwelt, über die wir nur spekulieren können. Sie drücken vielmehr Verhältnisse aus, die philosophische Texte *in ihrer eigenen Begriffsarbeit* entdecken. Anstatt philosophische Texte zu metaphysischen Märchentexten zu erklären, weil sie unter der eigenen Voraussetzung keinen Sinn ergeben, kann man ihre Begriffe auch als Beschreibungen oder besser: Explikationen, also Ausfaltungen der in ihnen impliziten, also operativ eingefalteten Begriffsverhältnisse verstehen. Verbindet man diese Explikation von begrifflichen Voraussetzungen mit der Frage nach der Rechtfertigung einer Argumentation – eines anderen oder der eigenen –, versteht man auch, warum philosophische Texte diese Begriffsverhältnisse interessant finden: Nur wer darauf achtet, welche Voraussetzungen er macht, kann eine Rede auch überzeugend begründen.

Die textimmanente Lektürehinsicht bietet noch weitere Möglichkeiten: Man kann sich z. B. mit den rückbezüglichen Strukturen auseinandersetzen, die sich ergeben, wenn der Inhalt eines Textes sich auf seine Operationen bezieht. Viele Denkprobleme der Philosophie haben damit zu tun, dass diese rückbezüglichen Strukturen anfangs als etwas anderes erscheinen, etwa als ein Zirkel, ein Widerspruch oder ein Regress. Wer inhaltliche und operative Ebene auch hier auseinanderhalten kann, dem kann auffallen, dass viele dieser Schwierigkeiten oder Unwegsamkeiten sich daraus ergeben, dass man die eine Ebene mit der anderen verwechselt oder auf die andere reduzieren will. Diese Unterscheidung von Hinsichten kann dabei helfen, bei einem Philosophen nicht nur Fehler zu suchen, sondern seine Antwort überzeugender zu formulieren, als es ihm gelungen ist.

Man kann aber auch die operative Ebene weit differenzierter beschreiben als nur mit Bezug auf einzelne Begriffe. Zu ihr gehören rhetorische Figuren ebenso wie die grammatikalische Organisation der einzelnen Sätze und sogar die Art und Weise, wie die Satzzeichen eingesetzt werden. Wer philosophische Texte mit dieser geradezu lyrischen Aufmerksamkeit liest, wird manche Pointen entdecken können, die ein Philosoph für den aufmerksamen Leser hinterlassen hat und die sein Problem exemplarisch zum Ausdruck bringen.

Die Grenze der textimmanenten Lektüre liegt darin, dass sie vor allem auf die Art und Weise achtet, wie ein philosophischer Text sich selbst betrifft. Das schließt aber nicht die Behauptung ein, dass Philosophie sich nur um sich selbst bekümmert und deswegen wieder als »weltfremd« oder »irrelevant« bezeichnet werden kann. Es bedeutet vielmehr, dass eine textimmanente Lektürehinsicht vor allem darauf achtet, wie sich philosophische Texte für die Begründungen, Rechtfertigungen und Voraussetzungen anderer Philosophen und ihrer selbst interessieren. Sie übernimmt damit eine Aufgabe, die von der allzu exklusiven systematischen Lektürehinsicht, die den Text als empirische Beschreibung von Gegenständen nimmt, oft übersehen wird. Insofern kann sie mit ihrer bewusst partiellen Aufmerksamkeit auf die Rückbezüge vom Inhalt auf die Operation, die operativen Begriffe und die Verhältnisse, die sich dabei ergeben, viele Lektüreergebnisse der systematischen und kontextgebundenen Lektürehinsichten ergänzen. Denn darin liegt eine weitere Grenze der textimmanenten Lektürehinsicht: Was ihr als voraussetzungssensibler Hinsicht verwehrt ist, ist der Versuch, die eigene Sichtweise als einzige Voraussetzung von vornherein in Geltung zu setzen.

Die Verantwortung für den Text

In philosophischen Texten gibt es also eine ganze Menge zu entdecken. Wir können sie drehen und wenden, sie in verschiedene Ebenen auseinandernehmen oder sie auf Voraussetzungen hin befragen,

Die Verantwortung für den Text 61

die wir zu ihrer Lektüre mitbringen. Wir können sie in historische Kontexte einordnen oder sie als Ausdruck eines einzigartigen philosophischen Lebens begreifen. Philosophische Texte sind Gedankenwelten von oft längst Verstorbenen, in denen wir uns dennoch, dank ihrer Überlieferung, frei bewegen und sie aus ganz verschiedenen Perspektiven kennenlernen können.

Wir haben aber oben gesehen, wie schnell es gehen kann, dass ein philosophischer Text gar nicht mehr in seinem eigenen Recht erscheint, sondern nur noch als Spiegel und Instrument der eigenen Interessen. Man muss nur die richtige falsche (weil dogmatische) Voraussetzung machen – und schon erscheint man sich selbst als der Bezwinger der abendländischen Metaphysik oder eines großen Philosophen, den man als Scharlatan entlarvt hat. Das sind freilich meist recht billige Siege, denn sie sind genau so viel wert wie die Begründung, die man für sie vorlegt. Und eine Begründung, in der man erst einmal davon ausgeht, dass die eigene Sichtweise der Maßstab ist, hat es denkbar einfach, zu beweisen, dass das auch richtig ist.

Wer nicht nach billigen Siegen strebt oder philosophische Texte nur als Steinbrüche für das eigene philosophische Interesse betrachtet, kann sich vielleicht mit einer anderen Perspektive anfreunden: Philosophische Texte sind Darstellungen und Argumente, die Philosophen aus allen Zeiten ihren Lesern vorlegen. Sie sind sich sehr oft sehr bewusst darüber, dass diese Texte auch dann noch lesbar sind, wenn sie längst selbst nicht mehr sind. Also versuchen sie oft, dem Leser möglichst nahe zu kommen, indem sie ihn etwa direkt ansprechen oder seine möglichen Einwände vorwegnehmen und besprechen.

Philosophische Texte bemühen sich um ihre Leser – allein das könnte ein Anlass dafür sein, als Leser sich auch um philosophische Texte zu bemühen. Denn gerade der Umstand, dass wir einen philosophischen Text mit beliebigen Voraussetzungen traktieren können, dass er sich gegen diese Voraussetzungen – auch wenn sie ihm diametral widersprechen – oft nicht wehren kann oder dort, wo er es im Text tut (weil er den Zug vorausgesehen hat), schlicht ignoriert wird, bringt eine bestimmte Form der Verantwortung mit sich. Diese Verantwortung haben wir aber in erster Linie gar nicht dem Philosophen gegenüber, der den Text geschrieben hat oder gar dem Text gegenüber, der ja keine Person ist. Wir haben sie auch und vor allem uns selbst gegenüber. Denn wenn wir philosophische Texte nach unseren eigenen Vorgaben zurichten, werden wir vor allem die Bestätigung oder das Verfehlen dieser Vorgaben entdecken können. Wir benutzen ihn dann nur als Sprungbrett für unsere eigenen Ambitionen. Was wir damit aber verfehlen, ist das, warum wir uns die ganze Arbeit eigentlich gemacht haben: Den Gedankengang des Textes selbst zu verstehen und gegebenenfalls Neues, Irritierendes, Unerhörtes zu entdecken. Wenn wir philosophische Texte nur für unsere Zwecke instrumentalisieren, bringen wir uns selbst um die Möglichkeit, in unserer Auseinandersetzung mit ihnen etwas dazuzulernen.

Wir können dieser Selbsttäuschung aber einfach dadurch entgehen, dass wir den Text einmal probehalber als unseren Dialogpartner betrachten. Freilich: Er ist nicht besonders flexibel und er sagt auch immer das Gleiche, so oft wir unsere Fragen auch umformulieren. Man kann sich mit ihm auch nicht über das Wetter unterhalten. Aber wenn wir versuchen, uns von ihm als seinem Leser ansprechen zu lassen und in unseren Notizen und eigenen Überlegungen in ein Gespräch mit ihm eintreten, kann uns eine Art Dialog mit dem Text gelingen. Und wer weiß – vielleicht sind wir dann schon auf dem besten Weg, es den großen Philosophen nachzutun, vor denen wir anfangs noch so großen Respekt hatten.

Kung Fu

Stellen Sie sich vor, Sie sind ein junger Mann im mittelalterlichen China. Ihr größter Wunsch ist es, sich zu einem Kämpfer ausbilden zu lassen. Sie wollen den neuen Kampfsport lernen, von dem alle sprechen: Kung Fu. Weil Sie so erpicht darauf sind, schon gleich die ersten Schläge und Tritte im Magen Ihres Gegners zu versenken, achten Sie erst mal gar nicht darauf, was schon dieser Begriff – Kung Fu – Ihnen sagt: Er bedeutet nämlich »etwas durch harte, geduldige Arbeit Erreichtes«.

Sie haben also Ihre Siebensachen gepackt und sich auf den Weg gemacht, um einen Meister des Kung Fu zu finden. Das Klosterleben schreckt Sie noch etwas – Sie kennen aber, aus vertraulicher Quelle, die Aufenthaltsorte von einigen Meistern des Kung Fu. Als Sie den ersten Meister erreicht und Ihr Anliegen vorgetragen haben, denkt dieser nach und sagt: »Nein.« Dann dreht er sich um und geht zurück in seine bescheidene Hütte. Sie sind verwirrt und wütend. Wollen diese Meister etwa keinen Schüler ausbilden? Nachdem Sie eine

Zeitlang hin und her überlegt haben, entscheiden Sie sich mit einer Mischung aus Trotz und Hoffnung, in der Nähe der Hütte zu bleiben. Doch auch am nächsten Tag verneint der Meister Ihre Anfrage. Sie beschließen erneut, eine weitere Nacht vor Ort zu verbringen. Am dritten Tag schließlich begrüßt Sie der Meister freundlich und heißt Sie als seinen Schüler willkommen.

Nun geht es los, denken Sie, nun lerne ich endlich, wie man richtig kämpft! Doch die erste Aufgabe, die Ihnen Ihr Meister gibt, sind zwei Holzeimer, mit denen Sie vom See Wasser holen sollen. Doch der Weg zum See geht bergab und ist etwa einen Kilometer lang. Seufzend machen Sie sich auf den Weg. Sie gehen den Weg hinab, tauchen die beiden alten Eimer ins Wasser und tragen sie keuchend den Berg wieder hinauf. Dort schütten Sie sie in einen Zuber. Der Meister lächelt, dann sagt er: »Für ein Bad brauche ich doch viel mehr Wasser.«

Was wie eine Schikane oder ein recht willkürlicher Test aussieht, ist in Wahrheit bereits der Beginn der Ausbildung. Indem der Meister Ihre Anfrage zweimal verneinte, stellte er fest, ob es Ihnen auch ernst ist. Er ist schließlich alleine und kann nur einen Schüler auf einmal ausbilden. Dafür braucht er jemanden, der auch bei der Sache bleibt und nicht gleich bei der ersten schweren Aufgabe aufgibt. Indem Sie geduldig gewartet haben, haben Sie ihm signalisiert: »Ich bin derjenige, der den Aufwand wert ist.« Auch die Sache mit den Eimern und dem See ist nicht nur eine Lektion in Demut. Sie dient auch dazu, Sie kräftiger zu machen. Wer Kung Fu lernen will, braucht Kraft in Beinen und Armen. Wenn Sie jeden der fünfzig Eimer vom See zur Hütte schleppen, trainieren Sie nicht nur Ihre Geduld, sondern auch Ihre Kraft. Viele Aufgaben, die Sie in den nächsten Monaten erhalten, sind ähnlich aufgebaut: Sie sind nützlich – zumeist für den Meister –, sie bringen Ihnen eine geduldige, beobachtende, disziplinierte Haltung bei, und sie trainieren Sie auch körperlich.

Wenn Sie soweit sind, werden Sie einfache, dann immer komplexere Bewegungen lernen. Sie werden nachahmen, was der Meister Ihnen vormacht – nicht, um zu werden wie er, sondern um von ihm das zu lernen, was er zu geben hat. Wenn Sie von ihm nichts mehr lernen können, wird er Sie entlassen, und Sie werden wissen, dass Sie ausgelernt haben. Und dann machen Sie sich auf den Weg zum nächsten Meister. Dort müssen Sie nicht mehr das ganze Programm durchmachen – der Meister sieht nach wenigen Minuten Kampf, dass Sie bereits etwas können. Aber vielleicht fordern die Bewegungen, die er zu lehren hat, eine andere Kraftanstrengung. So gehen Sie von Meister zu Meister – und suchen sich irgendwann eine Hütte in der Nähe eines Sees. Lächelnd bauen Sie sich zwei Holzeimer …

Das Erlernen von Philosophie ist in mancher Hinsicht wie das Erlernen von Kung Fu. Am Anfang ist es schwer; es sich einfacher zu machen, ist verlockend, Ausweichbewegungen und einfache Lösungen stellen sich ein. Aber wer am Ball bleibt und sich nicht von diesen verlockend einfachen Auswegen beirren lässt, der kann sehr schnell Erfolge an sich selbst feststellen.

Teil II –
Philosophisches Gespräch

»Dialektik ist die Kunst, ein Gespräch zu führen, und das schließt die Kunst ein, dies Gespräch mit sich selbst zu führen und der Verständigung mit sich selbst nachzugehen. Sie ist die Kunst des Denkens. Das aber bedeutet die Kunst, nach dem zu fragen, was man eigentlich mit dem meint, was man denkt und sagt. Man begibt sich damit auf einen Weg. Besser: Man ist damit auf einem Wege. […] Unser Denken bleibt nicht stehen bei dem, was einer mit diesem oder mit jenem meint. Denken weist stets über sich hinaus.«[1]

Die Philosophie ist bekanntlich auf dem Marktplatz entstanden. Der berühmte Philosoph Sokrates hielt sich dort auf und stellte den Bürgern Athens scheinbar einfache Fragen: Was ist Tapferkeit? Was ist Frömmigkeit? Was ist Wissen? Er belehrte sie nicht, sondern verwickelte sie in Gespräche über das, was sie zu wissen glaubten. Im Laufe dieser Gespräche stellte sich dann meistens heraus, dass sie zwar zu allem irgendeine Meinung vertraten, dass sie diese Meinung aber nicht mit guten Gründen rechtfertigen konnten. Mit dieser Einsicht in das eigene Nichtwissen ließ Sokrates sie dann oft einfach stehen.

Diese Gründungsgeschichte der Philosophie ist tausendfach wiederholt worden. Von antiken Berichten über das Leben und das Wirken des Sokrates bis in die gegenwärtige Populärphilosophie dient das Bild von Sokrates auf dem Marktplatz als Stellvertreter für »die Philosophie«. Akademische Philosophen winken bei dieser Beschreibung regelmäßig ab: Ja, die konkrete Auseinandersetzung sei wohl die Urform der Philosophie gewesen. Mittlerweile seien aber zweieinhalbtausend Jahre vergangen, in denen sich eine

---

[1] Gadamer, Hans-Georg: Selbstdarstellung, in: Ders.: Hermeneutik II. Wahrheit und Methode. Ergänzungen. Register, Tübingen ²1993, S. 502.

unübersehbar große und weitverzweigte philosophische Tradition herausgebildet habe.

Zudem sei man mit konkreten Problemen konfrontiert, die Antworten erforderten. Akademische Philosophie sei deswegen vor allem mit der Erforschung der Tradition und der Suche nach Antworten durch eigenes Nachdenken befasst. Als Sokrates auf dem Marktplatz wollen die wenigsten sich verstehen; eher als wissenschaftliche Forscher und Fachleute, die in ihrem jeweils eigenen Bereich ihre Nische gefunden haben.

Der philosophische Gründungsmythos von Sokrates als dem ersten Philosophen ist eine freundliche Ermutigung für den Anfänger, Fragen zu stellen und nicht alles, was man hört oder liest, unkritisch zu übernehmen. Doch wer sich als philosophischer Anfänger tatsächlich in sokratischem Fragen übt, wird schnell eines Besseren belehrt: Das geballte Wissen der Jahrtausende und die Auseinandersetzung mit kompetenten Fachleuten lassen einen daran zweifeln, dass Philosophie etwas mit dem Gespräch zu tun hat. Geht es also nicht doch am Ende darum, vor allem philosophisches Wissen anzuhäufen, das andere vor einem gesammelt haben?

Vielleicht hilft es, wenn man sich deutlich macht, dass auch Sokrates – und mit ihm Platon – in einer ganz ähnlichen Lage waren. Denn Sokrates war keineswegs der erste Philosoph. Er und seine Schule waren eingebettet in eine ganze Tradition philosophischen Denkens. Es gab philosophische Positionen zum Aufbau der Welt, zum guten Leben, zur Frage, was wir erkennen können. Es gab große Schulen, deren Lehre sich über viele Jahrzehnte erstreckte. Platon und Aristoteles konnten auf eine weitläufige wissenschaftliche, mathematische und philosophische Debattenkultur zurückblicken.

Und philosophische Schulen gab es nicht nur in Athen – auch in Megara oder Sparta saßen junge Leute in Gärten und diskutierten aktuelle Fragen oder alte Probleme von längst verstorbenen Philosophen. Gerade in diesen Gesprächen aber entstanden wohl die ersten Gedanken zu eigenen Schriften. Auch Aristoteles, der später seine philosophischen Überlegungen in Form von längeren Lehrtexten niederlegte (und damit die Tradition der philosophischen Langschrift beförderte, wenn nicht begründete), saß in Platons Akademie und diskutierte mit anderen.

Das philosophische Gespräch, die kritische Aufmerksamkeit auf die gemeinsam geteilte Rede, gehört zu den Grundübungen des Philosophierens. Es wird dabei oft mit anderen Formen des Gesprächs

Philosophisches Gespräch 67

verwechselt: dem bloßen Austausch über Meinungen, die man so hat; der Stammtischdiskussion, wenn sie von politischen zu metaphysischen Themen (»Gott und die Welt«) wechselt; dem erbaulichen Erzählen von Anekdoten und kleinen Geschichten über Philosophen; der Befragung von Philosophen als Experten.

Solange man nicht weiß, was ein philosophisches Gespräch zu einem *philosophischen* Gespräch macht, könnte alles, was irgendwie mit Philosophie zu tun hat, ein solches Gespräch sein. Und ist nicht auch jedes Gespräch über Philosophie schon ein philosophisches Gespräch? Oder ein Gespräch, in dem man bestimmte philosophische Begriffe gebraucht oder von großen Philosophen erzählt?

In der Universität gibt es für das philosophische Gespräch eine eigene Veranstaltung: das Seminar, zu Beginn als Proseminar und danach als Haupt- oder Oberseminar für Fortgeschrittene. Hier ist der eigentliche Ort für das philosophische Gespräch mit dem Dozenten. Dort finden sich alle Teilnehmer zusammen, um über das gemeinsame Seminarthema zu sprechen. Gute Diskussionen, anregende Lektürevorschläge und interessante Informationen – das sind die Erwartungen, mit denen man an ein philosophisches Seminar herantritt.

Doch der philosophische Dialog entsteht nicht aus dem Nichts. Wenn jeder Teilnehmer im Seminar erwartet, dass die jeweils anderen ein gutes Gespräch führen werden, findet keines statt. Wer die Seminarsituation dagegen mit einem Wettkampf um das beste Wissen – und die entsprechende Gunst des Dozenten – verwechselt, neigt nicht selten dazu, großspurige Reden zu schwingen, in denen viele beeindruckende Namen von Philosophen vorkommen. Man zeigt, was man hat – das sollen die anderen erst mal nachmachen. Wer nicht dazu neigt, sich vor anderen darzustellen, tut sich schwer mit dieser Herausforderung.

So ergibt sich über das Semester in vielen Fällen das typische Seminarszenario: immer dieselben fünf Teilnehmer debattieren fleißig; der Rest sitzt herum und schweigt. Viele philosophische Debatten, auch außerhalb der Universität, folgen diesem Schema. Seine stille Voraussetzung liegt in der Annahme, im philosophischen Gespräch ginge es um das Erreichen eines besten Ergebnisses oder eines höchsten Ziels. Die seltsame Vorläufigkeit, mit der manche Dozenten die Antworten der Studierenden beurteilen – und die gedankenlose Selbstgewissheit, mit der andere sie als korrekt abnicken –, verstärken dieses Streben nur. »Baits or treats«, Köder oder Belohnungen, konditionieren Studierende geradewegs auf die konkurrierende Auseinandersetzung um die überlegene Position.

Von Sokrates lernen

Geradezu fremdartig erscheint einem da der Umgang mit Denkproblem und Gesprächsteilnehmer in den platonischen Dialogen, also in den Gesprächen, die Sokrates mit seinen Mitmenschen führt. Anstatt ihren Antworten ständig die eigenen, besseren Antworten entgegenzusetzen, stellt er Fragen. Wenn sein Gegenüber nicht mehr weiter weiß, erklärt sich Sokrates nicht zum Sieger des Gesprächs, sondern bietet einen Rollentausch an: Um der Sache willen und damit es weitergeht, soll der andere Fragen stellen und er antwortet. Vom anderen vorgebrachte Argumente und Einwände werden mit beinahe quälender Gründlichkeit erwogen und anhand des genauen Wortlauts geprüft. Man kann die eigene Antwort oder Frage ja immer noch anders formulieren.

Anstatt den anderen durch besseres Wissen zu überrumpeln, ihn also wie in einem Wettkampf zu schlagen, geht es um die Lösung eines gemeinsamen Problems. Nur dort, wo Sokrates schlaue und gerissene Rhetoriker – die sogenannten »Sophisten« – entgegentreten, muss deren pompöser Auftritt erst einmal als Luftnummer enttarnt werden. Philosophie geht es entsprechend nicht nur um das gemeinsame Gespräch, sondern auch um die Ermöglichung eines solchen Gesprächs.

Dogmatiker und Sophisten, die anderen ihre eigenen Voraussetzungen aufzwingen wollen, streben danach, das Gespräch von vornherein zu ihren Gunsten auszurichten. Sie mogeln – deswegen sind sie auch schnell mit entsprechenden Anschuldigungen an die Adresse des Sokrates bei der Hand. Ihre Polemiken und Schmähreden dienen nicht nur der Provokation, sondern auch der Ablenkung: Sokrates sei der eigentliche Sophist, das könne jeder sehen, der Augen im Kopf habe. Wer aber von Sokrates lernt, der bleibt gelassen: Auch eine solche Behauptung muss ja gute Gründe vorweisen können. Ansonsten wendete sie sich auf ihren Anwender zurück.

Das philosophische Gespräch, von der Diskussion über ein gemeinsames Problem bis zur dialektischen Entwaffnung von Großsprechern und Sophisten, ist vor allem Übungssache. Es gibt hier keine ideale Methode, denn alles kann zum philosophischen Problem werden, auch eine solche Methode. Wenn hier dennoch Vorschläge gemacht werden, sind sie keineswegs als kanonisches Regelwerk zu betrachten. Sie sollen aber die Aufmerksamkeit auf Aspekte des gemeinsamen Gesprächs richten, die einem dabei helfen können, aus einem Gespräch ein *philosophisches* Gespräch werden zu lassen.

Die soziale Situation und das Denken des Alltags

Wenn wir über ein philosophisches Problem oder die Sichtweise eines bestimmten Philosophen diskutieren, orientieren wir uns zunächst und zumeist an den Formen des Gesprächs, das wir aus unserem Alltag kennen. Dieses Gespräch ist eher geprägt durch eine politische, als durch eine philosophische Grundhaltung: Wir sagen unsere Meinung und suchen uns dafür Mehrheiten. Solange andere unserer Meinung zustimmen, sehen wir uns in unserer Weltsicht bestätigt. Es schmeichelt uns, dass wir richtig liegen und gibt uns das Gefühl, auf der richtigen, gelehrten oder auf andere Weise gesellschaftlich anerkannten Seite zu stehen.

Wenn die Anderen aber unsere Meinung hinterfragen, verteidigen wir unseren Anspruch auf gesellschaftliche Anerkennung verbittert. Wir unternehmen alles, um die Kritik verschwinden zu lassen: Wir diskreditieren den Kritiker, erklären seine Sichtweise für unvollständig, irrelevant oder schlecht informiert, rufen höhere Autoritäten an oder erklären den Kritiker zum Angreifer, der uns mundtot machen will. Denn es steht ja nicht nur unser Selbstbild vom gut informierten, moralisch einwandfreien und klugen Gesprächsteilnehmer auf dem Spiel. Eine öffentlich geäußerte Kritik richtet gleichsam den Scheinwerfer auf uns: Wo wir gerade noch unbekümmert im Strom der Meinungen mitgeschwommen sind, stehen wir nun plötzlich allein da, exponiert und herausgefordert. Kein Wunder, dass wir uns in solchen Situationen sofort angegriffen fühlen.

Es gibt Zeitgenossen, die machen aus dieser Not eine Tugend. Weil es ihnen zum Beispiel im Spiel der Meinungen nicht gelingt, die eigene gegen die anderen Meinungen durchzusetzen, inszenieren sie sich als Provokateure, Quertreiber und Polemiker. Anstatt sich gegen den Kritiker durch rhetorische Winkelzüge abzusichern, werden sie selbst zu Karikaturen dieses Kritikers. Sie ignorieren Themenstellung und Argumente und bringen Diskussionen durch unsachliche Beiträge zum Entgleisen.

Manche gefallen sich in dieser Rolle und verstehen die eigene Störung als Beweis dafür, dass vernünftige Auseinandersetzung zwischen Menschen grundsätzlich unmöglich ist. Das ist bequem, denn so haben sie stets eine Legitimation für die eigene Unfähigkeit zum sachlichen Gespräch. Andere wiederum halten die ständige Konfrontation mit der eigenen Praxis nicht aus. Sie erzählen sich dann zum Beispiel eine schöne Geschichte darüber, wie gut ihre Absichten eigentlich sind. Mit dieser schönen Geschichte machen sie für sich selbst unsichtbar, dass es ihre Haltung im Gespräch ist, die Probleme erzeugt.

Diese Tendenz zum Abschluss, zum Dogmatismus und zur Rechthaberei muss aber nicht grundsätzlich negativ verstanden werden. Menschen bilden Gruppen, indem sie sich von anderen Gruppen abgrenzen. Sie suchen Mehrheiten, weil differenzierte Argumentationen Zeit kosten und dadurch pragmatische Entscheidungen verhindern können. Zudem ist die Gesellschaft – auf den ersten Blick – zu großen Teilen hierarchisch organisiert. Es gibt Vorgesetzte und Mitarbeiter, Lehrer und Schüler, Eltern und Kinder, Wissenschaftler und Laien. Es gibt solche, die eine moralische Hoheit für sich beanspruchen und solche, die ihr eigenes Wort mit dem gesunden Menschenverstand oder mit der Vernunft gleichsetzen. Und wenn das, was sie zu sagen haben, einsichtig ist, welchen Grund hätte man, daran zu zweifeln?

Manche Menschen zweifeln nicht nur daran, sie verzweifeln an dieser gesellschaftlichen Normalität. Sie leiden im Stillen an einer Gesellschaft, die stets den kürzesten Weg nimmt, um ein Problem zu behandeln. Denn die Macht der Mehrheit ist gewaltig. Wer aus ihr heraussticht, der macht sich angreifbar. Der kürzeste Weg besteht darin, dem Problem ein Etikett zu verpassen und es entweder in das eigene Weltbild einzuschließen oder es daraus auszuschließen. In beiden Fällen muss man sich mit dem Problem nicht mehr weiter beschäftigen.

Entweder es handelt sich um etwas, das man bereits kennt, dann ist die ganze Aufregung sinnlos. Oder aber es handelt sich um etwas, das nicht dazugehört, dann kann man die Aufregung einfach dadurch beenden, dass man es ausschließt. Der kürzeste Weg besteht also weniger darin, ein Problem zu lösen, als das Problem wie eines zu behandeln, das gar keines ist. Oder es als immer schon unlösbares Problem in den Giftschrank der Ideen zu verbannen.

Wer Philosoph werden will, der kann es in einer solchen Gesellschaft schwer haben. Er segelt gewissermaßen ständig zwischen der *Skylla der diktatorischen Selbstgerechtigkeit* und der *Charybdis des zerstörerischen Selbstzweifels*. Denn er setzt sich ja vor allem mit Problemen auseinander, die sonst keiner haben will. Wenn er zustimmen soll, stimmt er einfach nicht zu, sondern stellt unbequeme Fragen. Sein unbeugsamer Wille zur sachlichen Auseinandersetzung und zur differenzierten Betrachtung ist nicht nur irritierend, sondern geradezu ärgerlich und nervtötend. Wenn die anderen seine Haltung im Gespräch immer nur von sich selbst her verstehen, erscheint der Philosoph wie ein Provokateur oder Störenfried.

Entsprechend leicht wird man ihn los. Man erklärt einfach den eigenen Eindruck zur Tatsache und den Philosophen wahlweise zum weltfremden Geistesmenschen ohne praktische Veranlagung, zum pseudointellektuellen Selbstdarsteller, der nur um sich selbst kreist, oder zum durchtriebenen Angreifer, der zum toleranten und offenen Gespräch unfähig ist. Der Philosoph erscheint zugleich unfähig und überkompetent, armselig und gefährlich, als Scharlatan und als intellektueller Triebkrafttäter. Und das ist durchaus verständlich.

Wie sollte ein Gespräch, in dem sich alle Teilnehmer laufend ihrer selbstverständlichen Grundlagen versichern, auch sonst mit der Irritation der kritischen Frage umgehen? Sie muss die kritische Frage zu einer Version von sich selbst machen, um entscheiden zu können: drinnen oder draußen, richtig oder falsch, gut oder schlecht – oder gleich böse.

Wie man eine ›kritische Haltung‹ einnimmt

Um zu verstehen, was ein Gespräch zu einem *philosophischen* Gespräch macht, müssen wir uns die Funktion und das Verhältnis von Skylla und Charybdis, von diktatorischer Selbstgerechtigkeit und zerstörerischem Selbstzweifel – oder in philosophischen Fachbegriffen ausgedrückt: von »Dogmatismus« und »Skeptizismus« bzw. »Relativismus« – in der Diskussion genauer ansehen.

Natürlich muss nicht jeder Zweifel gleich in unproduktiven Selbstzweifel umschlagen. Genauso wenig ist jede Behauptung, für die man Geltung beansprucht, gleich diktatorisch oder selbstgerecht. Wir können jederzeit etwas bezweifeln, ohne daran zu verzweifeln. Wir hören einfach für einen Moment damit auf, es als selbstverständlich zu nehmen. Und wir können auch jederzeit etwas behaupten, ohne mit dieser Behauptung gleich alles festlegen zu müssen.

Das Zweifeln erzeugt allerdings oft ein gewisses Unbehagen. Das kann sich so anfühlen, als würde man sich selbst den Boden unter den Füßen wegziehen. Keine Sorge, das ist völlig normal! Wer bisher gewohnt war, Probleme wegzuerklären oder auszublenden, für den kann die Spannung im Zweifel unerträglich werden. Sie besteht ja darin, auszuhalten, dass man bestimmte Dinge (noch) nicht weiß. Das ist gleich weniger schlimm, wenn man sich dabei wieder in guter Gesellschaft befindet, zum Beispiel Wissenschaftlern gegenüber. Wer versteht schon, was die reden? Ob man dieses oder jenes abstrakte Phänomen nun gut erklären kann oder nicht, erscheint für einen selbst erst einmal nicht besonders relevant.

Das ändert sich schlagartig, wenn das, was man in Frage – wörtlich: *in eine Frage* – stellen soll, einen selbst betrifft. Sofort stellt sich nicht nur Betroffenwerden, sondern vor allem Betroffenheit ein – und der eigene Sicherheitsreflex beginnt zu arbeiten. Was man selbst weiß, wissen selbstverständlich alle anderen auch und ganz genau. Oder man weiß es eben nicht, dann weiß es auch sonst keiner – und deswegen muss man sich damit auch nicht auseinandersetzen. Wer eine kritische – prüfende, beobachtende, unterscheidende – Haltung einnehmen will, muss sich diesen Sicherheitsreflex in einem gewissen Maß abtrainieren. Denn unvoreingenommen prüfen kann man etwas nur, wenn man es nicht schon von vornherein besser weiß.

Wir sind also nicht nur mit Skylla und Charybdis – mit diktatorischer Selbstgerechtigkeit und zerstörerischem Selbstzweifel – konfrontiert. Wir haben es außerdem mit Themen zu tun, die sich *außerhalb von uns selbst* befinden und Themen, die *uns selbst betreffen*. Wir haben gelernt, Problemen eher auszuweichen und uns gegen alles, was uns betreffen kann, erst einmal zur Wehr zu setzen. Daraus erwächst uns eine doppelte Aufgabe: uns mit Problemen auseinanderzusetzen und nicht immer gleich alles persönlich zu nehmen.

Kritisches Denken – Schritt für Schritt

Wer kritisches Denken lernen will, muss sich selbst etwas antrainieren, was die Philosophen »Kontingenzbewusstsein« nennen. Das bedeutet, akzeptieren zu lernen, dass es Dinge gibt, die man nicht wissen oder beantworten kann. Manchmal liegt es daran, dass man

Kritisches Denken – Schritt für Schritt

es noch nicht kann. Manchmal hängt das aber auch mit der Fragestellung selbst zusammen. Die Lückenhaftigkeit und Komplexität unserer modernen Welt kann quälend sein, bis hin zum Verlust von Lebensqualität und Lebenssinn.

Aber wenn wir alles an einem unerreichbaren Maßstab messen, dann werden wir zwangsläufig enttäuscht werden. Wer erwartet, dass sich alles nach dem Plan eines guten Gottes vollzieht, der steht ratlos vor den Übeln dieser Welt. Wer absolute Freiheit oder einen absoluten Willen als eigentliches Wesen des Menschen betrachtet, wird überall nur Einschränkungen sehen. Wer von den Medien erwartet, dass sie die Wirklichkeit – oder am besten die eigene Weltsicht – eins zu eins abbilden, für den gibt es irgendwann nur noch eine »Lügen-« oder »Lückenpresse«. Manchmal stehen wir also vor einem wirklichen Problem, manchmal vor einem selbstgemachten. Und es ist nicht immer ganz klar, wann der eine und wann der andere Fall zutrifft.

Wer sich an einen methodischen Zugang zu solchen Fragestellungen und Gegenständen[2] gewöhnen will, die noch nicht beantwortet sind, kann sich an die Naturwissenschaften halten. Denn naturwissenschaftliche Forschung besteht darin, begründete und experimentell unterstützte Vermutungen über die Wirklichkeit aufzustellen. Sie lebt geradezu davon, dass man etwas noch nicht weiß. Deswegen ist es kein Zufall, dass sich die Erklärung, Gott würde in die Welt eingreifen, zur gleichen Zeit zurückzog, als die Naturwissenschaften das öffentliche Gespräch eroberten. Sie sind, sozusagen, praktiziertes Kontingenzbewusstsein.

Freilich ist der kritische Fortschritt sogleich dahin, wenn man versucht, diese wissenschaftliche Position wieder für den eigenen Sicherheitsreflex zu vereinnahmen. Man hätte dann einfach den Dogmatismus der eigenen, subjektiven Meinung durch den Dogmatismus einer naturwissenschaftlichen Weltanschauung ersetzt. Manche Menschen, darunter auch Naturwissenschaftler und noch mehr Philosophen, halten etwa die empirische Forschung für die einzige Perspektive, die sicheres Wissen ermöglicht.

Spätestens aber, wenn »sicher« gleichgesetzt wird mit »relevant« oder »einzig sinnvoll«, ist die wissenschaftliche Haltung wieder zu

---

[2] Damit sind nicht gleich konkrete Gegenstände gemeint – also: Dinge oder Sachen –, sondern auch und vor allem das, was zum Gegenstand z. B. einer Theorie oder eines Gesprächs werden kann.

einer Spielart der Dogmatik verkommen. Von dort aus ist dann auch der Weg nicht mehr weit zur Klage, dass »die Wissenschaft« »die Welt« radikal entzaubert und »dem Menschen« überhaupt keinen Sinn mehr außerhalb von ihr übrig gelassen hat. Wenn man eine Perspektive verabsolutiert, werden alle anderen Perspektiven wertlos. Und wo die Wissenschaft Gott ersetzen soll – und diesem Anspruch natürlich nicht genügen kann –, kann man dazu neigen, in Nihilismus zu verfallen. Die Einübung kritischen Denkens am Beispiel der Naturwissenschaft kann also scheitern. Sie kann zur Weltanschauung gerinnen oder im Sinnverlust zerfallen.

Wer es trotz dieser Herausforderung schafft, das kritische Gleichgewicht zu bewahren, kann den Schwierigkeitsgrad weiter erhöhen. Das betrifft nun die zweite oben angesprochene Aufgabe: Anstatt sich auf Fragestellungen und Gegenstände zu beziehen, die – in Messungen und empirischen Beschreibungen – objektiv und von uns unabhängig erscheinen, kann man sich auf Fragestellungen und Gegenstände beziehen, die uns selbst betreffen. Das ist nun schon deutlich schwerer, denn man spricht ja nicht nur über die »Gesellschaft«, man ist selbst Teil von ihr; man spricht nicht nur über den »Menschen«, man ist selbst einer. Die Aussagen der sogenannten Geistes-, Kultur- und Gesellschaftswissenschaften treten damit in eine Art Konkurrenz zu unserer eigenen Selbstbeschreibung. Und das kann für uns zum Problem werden.

Unsere Selbstbeschreibung hilft uns nämlich dabei, den Anschluss an die Gesellschaft nicht zu verlieren und mit unfairen Angriffen aus dieser Gesellschaft umzugehen. Wie könnten wir unseren Alltag bewältigen, wenn wir uns ständig mit unserer Verantwortung auseinandersetzen müssten? Verantwortung klingt nach Rechtfertigungszwang und ein solcher Zwang ist ein Problem. Also blenden wir unsere Verantwortung aus oder erklären, noch besser, andere für verantwortlich. Manchmal tun wir das am Stammtisch oder hinter geschlossenen Türen. Manchmal wirkt aber auch die ganze Gesellschaft frustriert und sucht nach einem Schuldigen. Dann können wir uns mit unseren eigenen Sorgen anschließen und gehören dazu, indem wir gemeinsam mit den anderen einen Sündenbock suchen. Eine Win-Win-Situation (außer natürlich für den Sündenbock).

Wenn unsere Selbstbeschreibung aber positiv bleiben soll, dann darf sie nicht durch kritische Fragestellungen irritiert werden. Wenn diese Fragestellungen dann auch noch den Anspruch erheben, wissenschaftlich zu sein, steht Wissenschaft gegen unser eigenes Selbstverständnis – ein echtes Dilemma. Der Ausweg besteht darin, diesen Wissenschaften ihre Wissenschaftlichkeit abzusprechen. Anders als die Naturwissenschaften beschäftigen sich nämlich die Geistes-, Kultur- und Gesellschaftswissenschaften keineswegs nur mit empirischen Gegenständen, die man messen kann. Wenn man dann »Wissenschaft« mit »Naturwissenschaft« gleichsetzt, dann ist es ein Leichtes, die Irritation zu besiegen: Was da behauptet, Wissenschaft zu sein, ist in Wirklichkeit Ideologie, Pseudowissenschaft, Begriffszauberei.

Aber auch wenn wir auf das Betroffenwerden durch wissenschaftliche Fragestellungen nicht mit Betroffenheit und unserem Sicherheitsreflex reagieren, kann sich das Problem von oben wiederholen. Das heißt: Es wiederholt sich nicht nur, es verschärft sich sogar. Gerade weil die Geistes-, Kultur- und Gesellschaftswissenschaften Fragestellungen und Gegenstände bearbeiten, die uns selbst betreffen, können wir dazu neigen, unser unvollkommenes Selbstverständnis durch die »vollkommene« wissenschaftliche Beschreibung zu ersetzen. Genauso wie man für die Gegenstandsseite Naturwissenschaft und Wissenschaft gleichsetzen kann, kann man auf der Seite des Betroffenwerdens Selbstverständnis und Wissenschaft gleichsetzen. Man wehrt dann die Beschreibung nicht mehr ab, sondern eignet sie sich an und erklärt sie zum Maßstab für alles andere – und für alle anderen.

Wenn wir es auch auf dieser Ebene schaffen, nicht in eins der beiden Extreme – diktatorische Selbstgerechtigkeit oder zerstörerischer Selbstzweifel – abzurutschen, können wir den Schwierigkeitsgrad abermals erhöhen. Wir können uns erstens auf das beziehen, was die beiden wissenschaftlichen Frageweisen, mit jedem Einsatz im Gespräch, gemeinsam haben: Voraussetzungen, Begriffe, Arten und Weisen des Argumentierens. Und wir können zweitens auch eine Aufmerksamkeit für unsere eigenen Voraussetzungen, begrifflichen Einsätze und Herangehensweisen entwickeln. Das klingt einigermaßen abstrakt. Tatsächlich betrifft es aber vor allem den *Zusammenhang von Inhalt und Operation, von Theorie und Praxis.*

Das, worüber man auf einer solchen Ebene spricht, muss nicht mehr unbedingt die empirische Welt betreffen, wie die Natur- und Geistes-, Kultur- und Sozialwissenschaften sie beschreiben. Auf ihr kann man auch und vor allem die Frage danach stellen, wie andere (oder man selbst) über »die Welt« sprechen (bzw. spricht) und ob dieses Sprechen auch gute Gründe vorbringt. Oder man sieht sich genauer an, wie bestimmte Perspektiven etwas beschreiben und ob diese Beschreibung einleuchtend vorgebracht wird. Oder man versucht, aus eigener Kraft einen Vorschlag zu machen, wie man »die Welt« am besten beschreiben oder wie man dieses Beschreiben am besten rechtfertigen kann. Wie auch immer man dies tut – wesentlicher Gegenstand dieser Ebene sind die Begriffe, die wir gebrauchen, um etwas auszusagen, zu beschreiben, zu behaupten und zu begründen.

Weil wir Begriffe immer schon benutzen, sind sie uns nah. Sie gehen uns immer an; sich im Gespräch von ihnen zu befreien, ist nicht möglich, weil man sie genau dazu wieder einsetzen müsste. Deswegen ist in dieser Perspektive der begrifflichen Aufmerksamkeit auch der Sicherheitsreflex besonders naheliegend. Wir können zum Beispiel so tun, als sei die Bedeutung der Begriffe von vornherein – von einer natürlichen, göttlichen oder weltlichen Autorität – so festgelegt, wie wir sie verstehen. Wir können unser Denken so behandeln, als könnte man es auf einen empirisch beschreibbaren Prozess reduzieren. Wir können aber auch umgekehrt so tun, als seien Begriffe eben »nur Begriffe« und wären unfähig, jemals »die Wirklichkeit« zu erreichen. Wenn wir keine Möglichkeit sehen, überzeugende Gründe für unsere Behauptungen vorzubringen, können wir uns in die Behauptung versteigen, eine wahre oder abschließende Position sei schlicht unmöglich.

Hinzu kommt noch eine weitere Schwierigkeit: Wer auf dieser Ebene kritisch bleiben will, darf selbst nicht einfach ungeprüfte Voraussetzungen machen. Er würde dann als letzten Schritt nur finden, was er selbst vorher gesetzt hat. Stattdessen muss er ganz ohne den sicheren Boden selbstverständlicher Wahrheiten auskommen. Jede Behauptung, die auf dieser Ebene aufgestellt wird, erforderte dann umfangreiche Begründungen – so umfangreich, dass sie zuweilen ganze Bücher umfassen. Oder man verlegt sich darauf, andere Perspektiven einfach kritisch zu hinterfragen. Weil man wegen der eigenen methodischen Voraussetzungslosigkeit in Bezug auf Geltungsvoraussetzungen so radikal ist, geht man damit regelmäßig anderen, der Gesellschaft und den Wissenschaften, erheblich auf die Nerven.

Im Maschinenraum des Denkens

Diese letzte Ebene wäre eine Möglichkeit, Philosophie zu verstehen. Sie wäre insofern eine »letzte« Ebene, weil sie sich sozusagen mit dem »Maschinenraum« von Theorien, Sichtweisen, Perspektiven, Meinungen usw. beschäftigt. Das betrifft nicht zuletzt ihren eigenen »Maschinenraum«, ihre eigene Vorgehensweise und ihre eigenen Begriffe. Anstatt selbstverständliche Voraussetzungen zu machen, die ihren Gegenstandsbereich – empirische Dinge, gesellschaftliche und kulturelle Phänomene – erst ermöglichen, nimmt sie dann jede Theorie und jede Meinung erst einmal als eine Behauptung, die der Rechtfertigung bedarf.

So hoch dieser Anspruch ist, so schwer ist es, ihm zu genügen. Gerade weil die Philosophie versucht, alle Sicherheitsreflexe hinter sich zu lassen, neigt sie dazu, immer wieder in sie zu verfallen. Gerade weil ein Hauptteil ihrer Arbeit darin besteht, nicht nur die begriffliche Arbeit anderer, sondern auch die eigene begriffliche Arbeit kritisch zu betrachten, ist sie immer in Gefahr, die eigene Selbstauslegung für ein Nonplusultra zu halten.

Die Philosophie ist noch mehr als die naturwissenschaftliche und die geistes-, kultur- und gesellschaftswissenschaftliche Perspektive in der Gefahr, die eigene Sichtweise zu verabsolutieren. Weil sie der radikale Versuch ist, *das Denken zu denken*, kann dieser *Selbstbezug*, wenn er nicht genau beachtet und beobachtet wird, zum *Zirkelschluss*[3] oder zum *performativen Selbstwiderspruch*[4] werden. Und umgekehrt kann die Philosophie, wenn sie diese bedingte Gefahr mit einem Schicksal verwechselt, zum Fürsprecher derjenigen werden, die alles bezweifeln und in Frage stellen wollen.

Wer lernen will, eine kritische Haltung einzunehmen, für den wird es auf dem Weg zur Philosophie nicht leichter – im Gegenteil. Die Skylla der diktatorischen Selbstgerechtigkeit und die Charybdis des zerstörerischen Selbstzweifels, Dogmatismus und Skeptizismus bzw. Relativismus, bleiben ein ständiges Problem. Und dieses Problem verschärft sich, je mehr wir uns mit dem auseinandersetzen, was uns selbst betrifft: mit unserer Gesellschaft, unserer Geschichte

---

[3] Ein Schluss der Form ›A, also A‹.
[4] Ein Widerspruch der Form ›Hier steht nichts‹ oder ›Alles, was ich sage, ist falsch‹.

und Kultur, unserer Psyche, unserem Geschlecht, unseren Begriffen und Argumentationen.

Kritische Haltung benötigt kritische Aufmerksamkeit, auch und gerade *auf die eigene Praxis*. Die Aufgabe – auf allen Ebenen, aber insbesondere in der Philosophie – besteht dann darin, das kritische Gleichgewicht auch im Bezug auf die eigenen Begriffe zu halten und nicht in eins der beiden Extreme abzurutschen.

Die Vielfalt der Meinungen

Wie man sieht, ist eine kritische Haltung einzunehmen keine leichte Aufgabe. Hinzu kommt: Je näher einem ein Problem ist, desto eher neigt man dazu, es von sich wegzuschieben. Sobald eine Frage nicht mehr nur einen Gegenstand betrifft, mit dem man nichts zu tun hat, sondern den eigenen Lebensvollzug, setzt der Sicherheitsreflex ein. Man kommt gar nicht mehr dazu, zu prüfen, ob die wissenschaftliche oder philosophische Problematisierung gerechtfertigt ist. Damit würde man ja zugeben, dass sie auch richtig sein könnte. Lieber erklärt man sie von vornherein für erledigt, damit sie einem nichts mehr anhaben kann.

Um diese Haltung zu überwinden, kann man – vor jeder Auseinandersetzung mit wissenschaftlichen oder philosophischen Inhalten – versuchen, für sich selbst eine sinnvolle zweifache Unterscheidung zu treffen: (1) zwischen unserer stillen, persönlichen Meinung und unserer öffentlich geäußerten Meinung und (2) zwischen dem Haben und dem Gelten dieser Meinung.

Diese zweifache Unterscheidung ist deswegen sinnvoll, weil sie einen aus dem Schein befreit, kritische Infragestellung würde bedeuten, dass nun nichts mehr so sein darf, wie es einmal war. Was im Sicherheitsreflex abgewehrt wird, ist ja der Verlust von Sinn; eben der Lebenssinn, den man sich selbst gibt und der einen schützt. Wer sich selbst den eigenen Sicherheitsreflex abtrainieren will, kann daher den Versuch machen, zwischen dieser persönlichen Sinnressource und einer im öffentlichen Gespräch verhandelten Fragestellung unterscheiden zu lernen.

Solange man *die stille, persönliche Meinung* und *die öffentlich geäußerte Meinung* gleichsetzt und davon ausgeht, *dass erstere schon gilt, weil man sie hat*, sorgt man nämlich selbst für das Problem, das man dann abwehren muss. Beide Gleichsetzungen sorgen dafür, dass man sich sofort angegriffen fühlt, wenn jemand die eigene öffentlich geäußerte Meinung ablehnt, hinterfragt oder kritisiert.

Wer davon ausgeht, dass er selbst immer schon richtig liegt, dem erscheint jeder Kritiker als Verrückter, Lügner oder Idiot. Und unsere stille, persönliche Meinung gehört zu uns; sie vermittelt uns Sinn und wir zählen sie zu unseren Eigenschaften. Wir sagen: »Meine Meinung macht mich aus; der Sinn, den sie mir vermittelt, macht mich zu dem, der ich bin.« Und sie kann uns nur dann erfolgreich Sinn vermitteln, wenn wir sie für uns so behandeln, als wäre sie richtig oder wahr.

Erste Unterscheidung: Person und Argument

Wenn wir das verstehen, dann verstehen wir auch, warum wir uns angegriffen fühlen, wenn jemand diese Meinung in Frage stellt. Weil wir sie zu unseren Eigenschaften rechnen, ist es für uns so, als würden *wir als Person* in Frage gestellt. Wir nehmen Kritik persönlich, weil sie in Frage stellt, was nicht in Frage gestellt werden darf, wenn unser Leben für uns weiter Sinn haben soll. Wir sind in dieser Hinsicht so empfindlich, dass wir nicht nur explizite Kritik an unserer öffentlich geäußerten Meinung als Angriff betrachten. Auch Kritik, die unsere stille, persönliche Meinung als Sinnressource betrifft, bringt uns regelmäßig auf die Barrikaden.

Dabei ist diese Aufregung auf den ersten Blick ganz unnötig. Schließlich können wir jederzeit unsere Meinung behalten, auch wenn uns jemand explizit nachgewiesen hätte, dass sie falsch ist. Ob wir mit uns selbst vernünftig umgehen wollen, das liegt ja allein in unserer Hand. Unsere Gedanken sind frei. Allerdings ist es uns manchmal wichtig, was andere von uns halten. Das alltägliche gesellschaftliche Gespräch funktioniert vor allem darüber, dass man Mehrheiten gewinnt. Und wer eine unpopuläre oder falsche Meinung vertritt, der gewinnt keine Mehrheiten – außer natürlich, es gibt bereits eine Gruppe, die solche Meinungen vertritt und in der es sich so anfühlt, als sei man in der Mehrheit.

Doch auch dann bringt uns die Identifikation von stiller, persönlicher Meinung und öffentlich geäußerter Meinung nur Ärger. Denn wenn wir das, was wir öffentlich sagen, als unsere Eigenschaft präsentieren, dann spielen wir ein riskantes Spiel. Wir setzen darauf, dass man uns als authentisch wahrnimmt, aber das Blatt kann sich schneller wenden, als man »Ich habe Recht!« rufen kann. Plötzlich wird man dort, wo man sich eben noch in der Mehrheit wähnte, zur Minderheit. Wenn wir also ständig mit vollem Einsatz spielen, immer »Alles oder Nichts« setzen, dann dürfen wir uns nicht wundern, wenn wir uns im ständigen Verteidigungsmodus wiederfinden.

Anstatt mit vollem Einsatz zu spielen, können wir daher auch versuchen, unsere öffentlich geäußerte Meinung als klar ausgezeichneten, aber vor allem begrenzten Spieleinsatz zu verstehen. Im konkreten Gespräch bedeutet das: man signalisiert dem Anderen, wie er die eigene Meinung aufzufassen hat – als Ausdruck einer Persönlichkeit, als Meinung, die nach Mehrheiten sucht, oder als Behauptung, für die man rechenschaftspflichtig ist. Das ist vergleichsweise einfach zu bewerkstelligen: man schreibt eben vor die eigene Aussage »Für mich persönlich ist ...« oder »Ich bin der Meinung, dass ...« oder aber »Ich behaupte, dass ...«.

Wenn wir unserem Gegenüber signalisieren, an welchem Anspruch er unsere Meinung zu messen hat, geraten wir nicht mehr so leicht in unproduktive Konflikte. Wir werden außerdem gedanklich flexibler. Anstatt anderen unsere Sichtweise aufzuzwingen oder sie laufend zur unbedingten Anerkennung unseres authentischen Selbstbildes aufzufordern, können wir gelassener mit unseren Meinungen umgehen. Wer sie als Spieleinsatz versteht, kann die eigene oder aber auch mal eine ganz andere Meinung vertreten und sie im öffentlichen Gespräch gleichsam ausprobieren. Man kann dieses Gespräch als Raum für Experimente betrachten oder die eigenen rhetorischen oder logischen Fähigkeiten erproben.

Zweite Unterscheidung: Haben und Gelten

Aber gerade dann, wenn wir uns aufmachen, unsere Meinung im öffentlichen Gespräch zu erproben, ist die zweite Unterscheidung zwischen dem Haben und dem Gelten einer Meinung hilfreich. Denn auch, wenn wir unsere stille, persönliche Meinung nicht zur sofortigen Disposition stellen, könnten wir ja auf die Idee kommen, als Voraussetzung zu übernehmen, dass unsere Meinung erst einmal richtig ist. Das leuchtet auf den ersten Blick ein – wer im Streit der Meinungen bestehen will, der muss sich erst einmal gegen alle anderen durchsetzen.

Zweite Unterscheidung: Haben und Gelten

Doch diese Haltung beendet strenggenommen die Diskussion, bevor sie begonnen hat. Wenn unsere Meinung immer schon richtig ist, dann diskutieren wir nur noch, um herauszufinden, ob es jemand schafft, sie umzustoßen. Wir machen es unserem Gegenüber also schwer, denn nur ein hart erkämpfter Sieg ist etwas wert. Genau dieses Schwermachen führt uns aber in die Irre. Denn warum sollte ein Anderer uns beweisen, dass wir falsch liegen? Wir stellen doch die Behauptung auf. Die Beweislast liegt bei uns, nicht beim Anderen.

Wenn wir behaupten, unsere Meinung sei wahr oder richtig – verlangen wir dann nicht vom Anderen, dass er uns zustimmen muss? Warum aber sollte er das tun, wenn er es nicht schon von vornherein so sieht wie wir? Wer so diskutiert, rutscht wieder in die politische Rede ab, die nach Mehrheiten, aber nicht nach Gründen sucht. Wir stellen uns wieder nur hin und sagen, dass wir nicht anders können und wer uns nun folgen wolle, der möge uns eben folgen.

Manche von uns ahnen dunkel, dass diese Vorgehensweise problematisch sein könnte. Sie machen also eine Art halbargumentativen Wettstreit daraus: Wenn der Andere es schafft, uns zu überzeugen, übernehmen wir seine Meinung. Ein verlockendes Angebot, aber leider in den meisten Fällen auch ein vergiftetes. Denn solange es eine Frage unserer Willkür bleibt, ob uns der Andere überzeugt, ist auch der Ausgang der Diskussion beliebig.

Das Gleichsetzen des Habens einer Meinung mit dem Gelten dieser Meinung wiederholt all die Probleme, die auch in der ersten Gleichsetzung – der von stiller, persönlicher Meinung und öffentlich geäußerter Meinung – aufgetreten sind: Wer davon ausgeht, dass er von vornherein im Recht ist, für den liegen alle anderen falsch. Er ist wie der Geisterfahrer, der im Radio die Warnung vor einem Geisterfahrer hört – vor ihm selbst also – und ruft: »Einer? Da sind hunderte!«

Die Gleichsetzung von Haben und Gelten führt immer in eine Entweder-Oder-Ordnung: »Entweder Du stimmst mir zu (und liegst richtig), oder Du stimmst mir nicht zu (und liegst falsch).« Dadurch wird aber immer nur das verfestigt, was schon da ist. *Ob* es wirklich so ist, kann man auf diese Weise gar nicht mehr kritisch in Frage stellen. Man kann es nur annehmen oder durchstreichen und durch das Eigene ersetzen. Außerdem liegt ja aus dieser Sicht *jeder* falsch, der einem widerspricht, egal aus welchem Grund.

Setzen wir unsere Sichtweise also absolut, haben wir sofort unzählige andere, die es anders sehen. Deswegen werden die dogmatische Voraussetzung und das Entweder-Oder-Schema stets begleitet von einem Exzess der – sehr oft wieder dogmatischen – Selbstrechtfertigung. Das ist ein unglaublicher Stress, der Zeit kostet; Zeit, die wir damit verbringen könnten, gute Gründe zu diskutieren.

Wer dagegen das Haben und das Gelten einer Meinung voneinander unterscheidet, versucht nicht, dem Anderen die eigene Sichtweise aufzuzwingen. Er anerkennt zunächst einmal, dass jeder Teilnehmer am Gespräch das gleiche Recht hat, seine Meinung vorzubringen. Sobald man mit der eigenen Meinung aber den Anspruch verbindet, dass sie von allen anderen geteilt werden soll, ist dieses gleiche Recht verknüpft mit der gleichen Verpflichtung, diesen Anspruch durch das Vorbringen von Gründen zu untermauern. Weder muss der Andere mir zustimmen, noch muss ich ihm zustimmen; weder muss der Andere seine Meinung in jedem Fall begründen, noch muss ich das tun.

Aber wenn ich eine Meinung vorbringe, dann verpflichte ich mich dazu, anzuerkennen, dass auch der Andere seine Meinung vorbringen kann. Andernfalls hätte ich ja schon wieder eine Voraussetzung gemacht, die ich allererst zu begründen hätte. Und wenn der Andere beansprucht, dass ich seiner Meinung zustimmen soll, verpflichtet er sich damit dazu, mir Gründe dafür zu nennen. Wenn ich mich dann zu diesen Gründen kritisch verhalte und den Anspruch habe, dass der Andere meine Kritik ernstnehmen soll, dann muss auch ich Gründe für meine Meinung vorbringen.

Die Unterscheidung von Haben und Gelten ermöglicht so einen Ausgangspunkt im Gespräch, in dem eine dogmatische Über- oder Unterordnung zwar nicht ausgeschlossen ist, es aber stets eine dritte Möglichkeit gibt: Die Anerkennung der Gleichberechtigung des Anderen anhand dessen, was er immer schon mit mir teilt, z. B. die Teilnahme am Gespräch.

Die ersten Schritte in einer Diskussion

Bis jetzt haben wir vor allem vorbereitende Schritte für die Diskussion kennengelernt. Wir haben gesehen, wie schwer es unser Anspruch haben kann, eine kritische Haltung einzunehmen. Das methodische Selbstverständnis der Wissenschaft und das kritisch-systematische Selbstverständnis der Philosophie, beide können uns dabei helfen oder uns in Schwierigkeiten bringen. Wir haben auch

Die ersten Schritte in einer Diskussion

gesehen, warum es schwierig sein kann, in einer Gesellschaft mit einem solchen Anspruch zu bestehen. Philosophie ist eine Bedrohung der Normalität, die die Grundlage dieser Gesellschaft bildet.

Selbst dann aber, wenn wir noch gar nicht über wissenschaftliche oder philosophische Inhalte reden, können wir uns selbst in eine Lage versetzen, aus der wir schwerlich wieder herausfinden. Wenn wir in einer philosophischen Diskussion unsere stille, persönliche Meinung, unsere Stimmungen und Ängste, unser Bauchgefühl oder unseren schieren Willen zum Maßstab erklären, machen wir Diskussionen unmöglich. Denn jede Kritik, die jemand dagegen vorbringt, wird uns als Angriff erscheinen. Wenn wir uns – aus Lust oder Ratlosigkeit – als Polemiker, Provokateur, Störenfried inszenieren, dürfen wir uns nicht wundern, wenn uns diese Haltung nach kurzer Zeit als die einzig mögliche erscheint.

Was ist nun die Alternative? Eine ideale Sprechsituation? Ein – wie das die Philosophen gerne nennen – »herrschaftsfreier Diskurs«, in dem alle nach Konsens streben? Das wäre ein gruseliges Bild. Denn wer hätte diese Normen vorzugeben? Nach welchem Begriff von »Herrschaft« bemisst sich ein »herrschaftsfreier Diskurs«? Und wer kann feststellen, dass ein »Konsens« abschließend erreicht ist und wann eine Sprechsituation das »Ideal« erreicht hat? Manchmal verbirgt sich diktatorische Selbstgerechtigkeit auch unter dem Deckmantel der toleranten Vernunft.

Deswegen können die ersten Schritte in einer Diskussion, wie sie hier beschrieben werden, nur als Vorschlag verstanden werden. Dieser Vorschlag ist pragmatisch, indem er unterstellt, es gehe in einem Gespräch nicht nur darum, den Anderen zu besiegen. Das wäre ja wieder eine ziemlich diktatorische und selbstgerechte Position, weil sie für alle anderen festzulegen versucht, was der einzig sinnvolle Gesprächsmodus ist. Wenn wir ein Gespräch führen, dann können wir natürlich versuchen, den Zuhörern oder dem Publikum zu zeigen, wie überlegen wir unserem Gegenüber sind. Nicht wenige werden uns dafür applaudieren; sie schätzen eine gute Auseinandersetzung so, wie die Zuschauer im römischen Kolosseum die Gladiatorenkämpfe schätzten.

Gladiatoren oder Philosophen?

Wenn wir aber keine Gladiatoren sein wollen, dann können wir ein Gespräch auch aus ganz anderen Gründen führen. Wir können zum Beispiel etwas dazulernen, indem wir jemandem Fragen stellen, der sich mit einem Thema auskennt. Wir können unsere Fähigkeiten testen und unsere Grenzen kennenlernen. Wir können den Anderen aber auch zu einem gewagten gemeinsamen Experiment herausfordern: »Wollen wir gemeinsam herausfinden, welche Antwort auf die Frage x die überzeugendste ist?«

Dieser letzte Modus ist der Modus des philosophischen Gesprächs. Das liegt nicht nur daran, dass die Frage nach der überzeugendsten Antwort stets Fragen nach Voraussetzungen, Gründen, Ursachen und Prinzipien mit sich bringt. Es liegt auch an der Haltung, gemeinsam an einer Antwort zu arbeiten. Erst diese Haltung macht es möglich, dass man die Antwort nicht gleich wieder dort vorfindet, wo sie einer der beiden Gesprächsteilnehmer vorausgesetzt hat.

Wer ein philosophisches Gespräch führen will, muss sich angewöhnen, die Spannung des (Noch-)Nichtwissens bis ganz zum Schluss auszuhalten. Wer alles schon vorher besser weiß, braucht keine philosophischen Gespräche – oder höchstens zur Befriedigung des eigenen Geltungsbedürfnisses. Außerdem wäre es witzlos, radikal bis zum Schluss fragen zu wollen, um dort eben das zu entdecken, was man im Stillen vorausgesetzt hat. Wer sich also den Erkenntnisweg nicht selbst verstellen will, sollte versuchen, möglichst kritisch mit den eigenen Voraussetzungen umzugehen.

Wie macht man das? Normalerweise gehen wir in ein Gespräch, indem wir davon ausgehen, dass der Andere mit uns schon bestimmte Voraussetzungen teilen muss. Wir tun das deswegen, weil unser gesellschaftliches Leben – mehr oder weniger – auf dieser stillen Übereinkunft basiert. Jeder von uns verlässt sich in einem gewissen Maß auf diese stille Übereinkunft: so kommen Briefe in unseren Postkasten; so kommen Waren in das Regal unseres Supermarktes. Auch die Universität basiert auf einer Übereinkunft, nämlich der, dass alle ihre Studenten, Lehrkräfte, Mitarbeiter und Angestellten sich laufend auf sie als »die Universität« beziehen und einander entsprechend behandeln.

In der Philosophie kann es einem aber darum gehen, bis zum Letzten oder zum Ersten *zurück* zu fragen. Natürlich gibt es auch

Philosophien, die schon von einer bestimmten Vorstellung z. B. begrifflicher Bedeutung oder historischer Entwicklung oder wissenschaftlicher Methode ausgehen. Sie erschließen dann die Binnenräume, die durch diese Voraussetzungen eröffnet werden. Fragen sie aber nach dem Letzten, dann finden sie eben ihre eigenen Voraussetzungen wieder.

Wenn man aber – wie das nicht die wenigsten Philosophen tun – den Anspruch hat, die eigene These bis zum bitteren Ende durchzudenken, zu verteidigen und kritisch zu durchleuchten, dann bleibt einem nichts anderes übrig: Man muss die eigenen Geltungsvoraussetzungen einklammern, um diesem Zirkelschluss zu entkommen. Was im vorherigen Kapitel schon für die Lektüre vorgeschlagen wurde, sollte also auch für das gemeinsame Gespräch beachtet werden: Die *Enthaltung* von eigenen Voraussetzungen bezüglich ihrer Geltung für alle anderen ermöglicht allererst eine ergebnisoffene Auseinandersetzung.

Das ist im Zweifelsfall gar nicht so einfach. In der Textlektüre ist man ja meistens mit dem Text allein. Und in einem Lesekreis können sich immer noch alle auf den gemeinsam gelesenen Text als Maßstab der Lektüre beziehen. Man hat einen Gegenstand, an dem man sich festhalten kann; die andere Seite des Dialogs steht eben schon da. In einem Gespräch mit einem lebendigen Gegenüber ist das anders. Da steht kein Text und es gibt auch keine Vorgabe dafür, was der Andere sagen oder nicht sagen wird. Wenn wir gewohnt sind, im direkten gesellschaftlichen Austausch miteinander vor allem die Harmonie zu betonen und der Disharmonie auszuweichen, wirkt eine kritische Haltung erst einmal irritierend. Sowohl auf uns, als auch auf unseren Gesprächspartner.

Um diese Irritationen zu minimieren – und damit die Produktivität unseres Gesprächs zu erhöhen – ist ein mindestens sachlicher, im optimalen Fall aber respektvoller Umgang miteinander sinnvoll. Zugleich sollte man sich nicht darauf versteifen, jeweils für den Anderen festlegen zu können, wann er sich nicht respektvoll verhalten hat. Solche Formen sozialer Erpressung behindern den Gesprächsverlauf genauso wie eine Auseinandersetzung, die gegenseitigen Respekt vermissen lässt. Respekt bedeutet hier: sich und den Anderen daran zu erinnern, dass es um eine gemeinsame Sache geht und nicht um die eigene Person.

Fünf Tipps für die philosophische Diskussion

Im gemeinsamen Gespräch haben wir zunächst keinen Text, auf den sich alle Teilnehmer beziehen können. Dennoch gibt es einiges, das wir in diesem Gespräch bereits miteinander teilen, indem wir miteinander sprechen. Dazu gehört etwa diese Teilnahme an der gemeinsamen Gesprächssituation. Oder die Tatsache, dass jeder, der etwas sagt, etwas Bestimmtes sagt, was etwas anderes nicht ist. Wer A sagt, hat nicht B gesagt.

Auch die Behauptung, eine Voraussetzung müsse für alle anderen gelten, muss in dieser Gesprächssituation allererst vorgebracht werden. Sie ist also zunächst eine Behauptung wie alle anderen. Wer festzulegen versucht, dass sie schon gilt – ihr also schon alle anderen zugestimmt haben oder zustimmen müssen –, der beendet nicht nur die Diskussion, bevor sie begonnen hat. Er widerspricht sich auch selbst. Denn wie sollte jemand einer These bereits zugestimmt haben, die gerade zum ersten Mal formuliert wurde? Wer behauptet, man müsse das einfach oder etwas sei so, weil es so sei, der wiederholt einfach nur seine Behauptung, ohne weitere Gründe dafür anzugeben.

All das betrifft die Gesprächssituation, in der wir uns befinden – und die wir natürlich auch ganz anders auslegen können als durch den Begriff der »Gesprächssituation«. Je nachdem, wie theoriehaltig unsere Auslegungen dann sind, müssen wir sie eben wieder rechtfertigen können. Es ist also nicht etwa ein moralischer Imperativ oder ein perfektes logisches System, das uns dazu bringt, unserer Gesprächssituation zu entsprechen. Es ist diese Gesprächssituation. Wir selbst stellen den Anspruch auf, an dem wir dann gemessen werden. Unsere Rede ist nicht nur Spieleinsatz, sondern – in den oben geschilderten Momenten – auch Kriterium, d. h. Maßstab dieser Rede. Denn wer diese Momente leugnet, wird es wieder in einer Rede tun müssen, etwas Bestimmtes sagen und diese Verneinung erst einmal behaupten müssen.

Die Aufmerksamkeit auf das, was wir tun, wenn wir miteinander reden und Argumente austauschen, ist Übungssache. Wir brauchen Zeit, um uns mit dieser ungewohnten Haltung uns selbst und den Anderen gegenüber vertraut zu machen. Aber in dieser Zeit wird deutlich, dass, während wir sprechen, wir gemeinsam einen neuen Text erschaffen. Und auf den können sich dann wieder alle gemeinsam beziehen. Wer diese Aufmerksamkeit erst noch entwickeln muss, für den stellt sie keine geringe Herausforderung dar. Deswegen hier als Alternative fünf Tipps für die philosophische Diskussion:

(1) Höre Deinen Gesprächspartnern gut zu oder lies genau, was sie schreiben.

Viele Missverständnisse und Streitpunkte, die unsere Gespräche scheitern lassen, haben mit fehlender Konzentration auf das Gesagte oder Geschriebene zu tun. Das können wir vermeiden, indem wir uns angewöhnen, uns auf das zu beziehen, was der Andere tatsächlich gesagt oder geschrieben hat. Das bedeutet nicht, dass man jedes Wort auf die Goldwaage legen muss. Aber es bedeutet, dass man der Gewohnheit misstrauen sollte, einem Gesagten oder Geschriebenen immer schon eine irgendwo »dahinter« liegende Absicht zu unterstellen. Gedankenlesen ist eine schwierige Angelegenheit. Also sollte man sich auf das Gesagte oder Geschriebene verlassen, das allen anderen auch vorliegt.

(2) Bevor Du gleich widersprichst: Stelle Fragen.

Wenn wir etwas hören, was uns nicht gefällt oder dem wir nicht zustimmen, neigen wir dazu, das unserem Gegenüber auch mitzuteilen. Dabei setzen wir allerdings voraus, dass wir ihn schon richtig verstanden haben. Anstatt sofort mit einem »Nein!« oder einem »Ich widerspreche!« zu reagieren, kann man aber auch einfach nochmal nachfragen, ob man das Gesagte oder Geschriebene auch richtig verstanden hat. Manchmal tauchen dann in der eigenen Frage Voraussetzungen auf, die man selber mitbringt, die einem aber selber noch gar nicht aufgefallen sind. Wer etwas in Frage stellt, der denkt die Möglichkeit mit, dass es auch falsch sein könnte. Allerdings bedeutet das nicht, dass man sein Gegenüber in einen Fragezwang verwickeln sollte. Wer immer nur Fragen stellt, ohne auf die gegebenen Antworten einzugehen, der signalisiert nicht Überlegung, sondern der simuliert Überlegenheit.

(3) Wenn Du antwortest, gib nach bestem Wissen an, von wo aus Du sprichst.

Nicht nur fehlende Konzentration, auch die ausbleibende kritische Haltung gegenüber eigenen Voraussetzungen lassen Gespräche scheitern. Solche Voraussetzungen können nämlich bei unserem Gegenüber so ankommen, als wolle man sie ihm unterjubeln oder mit sanfter Gewalt aufzwingen. Dem kann man vorbeugen, indem man auf den Ausgangspunkt der eigenen Antwort reflektiert: Welche Voraussetzungen mache ich? Wovon nehme ich an, dass ich es für den Anderen voraussetzen kann? Auf welche Positionen, Methoden, Theorien, andere Meinungen beziehe ich mich? Aus welcher Perspektive spreche ich? Die Frage, *von wo aus* man selbst spricht, kann man sich zum freundlichen, aber kritischen Begleiter machen. Dann fällt es auch leichter, entsprechende Einwände zu verstehen und darauf nicht nur abwehrend zu antworten.

(4) Achte darauf, von wo aus der Andere spricht.

Die gleiche Aufmerksamkeit, die man bei eigenen Beiträgen und Antworten walten lässt, kann man natürlich auch bei denen des Gesprächspartners walten lassen. Jeder, der im Gespräch ein Argument vorbringt, wird dafür Begriffe gebrauchen müssen. Diese Begriffe kann man, wenn sie einem auf den ersten Blick nicht einleuchten, zum Thema machen. Das ist aber kein Freibrief dafür, sich im Gespräch dumm zu stellen. Wer ständig so tut, als würde er nichts verstehen, kann den Eindruck erwecken, als wolle er anderen den eigenen Verständnishorizont diktieren. Und wer den Anderen bezüglich der Begriffe und Voraussetzungen befragt, die er in seiner Rede gebraucht, muss sich auch selbst solche Fragen gefallen lassen. So kann man gemeinsam eine kritische Haltung einüben – in einer Praxis, in der – nach einem berühmten Platonwort – jeder »zugleich Redner und Richter«[5] ist.

(5) Behalte die Sache im Blick.

Wer sich mit seinem Gegenüber im hitzigen Gespräch befindet, vergisst schnell, dass es um eine gemeinsame Frage geht. Man verteidigt die eigene These; schon fällt man in den Gladiatorenmodus zurück und wehrt sich rhetorisch mit Händen und Füßen gegen Kritik. Dem kann man abhelfen, indem man einander beizeiten daran erinnert, dass man ja gemeinsam versucht, ein Problem zu lösen.

---

[5] Platon, Politeia 348b.

Die Familie der Diskurskulturen 89

Wenn der eine nicht mehr weiter weiß, dann hat nicht der andere gewonnen. Sondern dann kann zum Beispiel der andere die Verteidigung der These übernehmen und der erste stellt die Fragen. Das wäre die Praxis des Sokrates, der damit signalisiert, dass es ihm nicht um einen Gladiatorenkampf, sondern um eine gemeinsame philosophische Fragestellung geht. Und diese Praxis ist so einleuchtend und einfach, dass wir sie übernehmen können, wenn wir nicht mehr weiterkommen.

Die Familie der Diskurskulturen: Naturwissenschaft, Kulturwissenschaft, Sozialwissenschaft, Geisteswissenschaft, Politik

Oft dreht man sich in Gesprächen im Kreis, weil ein Teilnehmer von einer eher wissenschaftlichen Sichtweise aus argumentiert. Für das philosophische Gespräch sollte man also immer im Hinterkopf behalten, dass es eine schwierige Beziehung zwischen Philosophie und den Wissenschaften gibt. Das gilt nicht nur für Gespräche mit Wissenschaftlern, sondern auch und insbesondere für Gespräche mit Philosophen. Denn natürlich gibt es Philosophen, die die Kritik der Wissenschaften akzeptieren. Das kann verschiedene Gründe haben: vielleicht haben sie selbst Probleme mit der radikal kritischen Funktion der Philosophie. Oder sie suchen nach einer Möglichkeit, Philosophie nach dem Modell wissenschaftlicher Forschung zu betreiben.

Bereits etwas weiter oben wurde betont, dass Philosophie sich in einer wichtigen Hinsicht von den Wissenschaften unterscheidet: Wenn sie radikal kritisch nach Voraussetzungen fragt, kann sie selber nicht einfach davon ausgehen, dass solche Voraussetzungen gelten. Die Wissenschaften müssen das aber tun, damit sie Wissenschaften sein, Gegenstände und Methoden haben können. Als Philosoph muss man diesen wichtigen Unterschied auf allen Ebenen beachten. Er ist dafür verantwortlich, dass sich auch mit dem Anspruch großer Gelehrsamkeit alte Probleme wiederholen können. Der Philosoph nervt den Wissenschaftler, denn er stellt die Grundlage wissenschaftlicher Forschung in Frage. Der Wissenschaftler nervt den Philosophen, denn er tut so, als sei seine Perspektive ganz selbstverständlich.

Anstatt sich an einem so unproduktiven Problem abzuarbeiten, können wir aber auch einfach davon ausgehen, dass es unterschiedliche Diskurskulturen gibt, mit denen wir zu tun haben. Die Unterschiedlichkeit bedeutet nicht, dass diese Diskurskulturen nicht miteinander vergleichbar sind – so unterschiedlich sie sind, sie sind ja immer noch genau das: Diskurskulturen. Nur hat die Philosophie insofern einen »Vorteil«, als es ihr vor allem um die Ebene des Diskurses – also: der Rede, der Begriffe, der Vorgehensweisen – geht. Anders als alle anderen Diskurskulturen kann sie ohne ein für alle Mal festgelegte begriffliche Voraussetzungen auskommen und fragt sogar in diese Voraussetzungen kritisch zurück. Zugleich erscheint sie aber als eine Diskurskultur unter anderen.

Diese doppelte Hinsicht der Philosophie ist im Gespräch schwer zu verteidigen. Wenn die Philosophie den genannten »Vorteil« besitzt – hat sie dann nicht auch das letzte Wort in der Diskussion? Die Tatsache, dass sie sich selbst und jede andere Diskurskultur kritisch auf ihre Voraussetzungen hin befragen und betrachten kann, lässt sie wie eine Art »letzten Rahmen« aussehen. Das führt regelmäßig zu Irritationen auf allen Seiten.

Für naturwissenschaftliche Diskurskulturen sieht die philosophische Kritik oft wie unproduktiver Zweifel an allem und jedem aus, der wissenschaftliches Arbeiten eher verhindert als ermöglicht. Daraus erwächst dann nicht selten die Forderung, man solle als Philosoph doch bitte – wie alle anderen auch – die wissenschaftlichen Ausgangspunkte akzeptieren. Doch genau das führt in der Philosophie zu Irritationen. Denn wenn sie kritisch nach den (letzten) Voraussetzungen fragen soll, dann kann sie diese Voraussetzungen nicht zugleich unkritisch übernehmen. Sie würde immer nur das entdecken, was sie bereits mitbringt.

Aus Sicht der Wissenschaften handelt es sich um gut bestätigte Theoriemodelle, deren begriffliche Diskussion oft wie nutzloses Glasperlenspiel erscheint. Für sie ist die Akzeptanz dieser grundlegenden Theoriemodelle die Voraussetzung für wissenschaftliches Arbeiten. Auch deswegen erscheint die Philosophie ihnen oft unwissenschaftlich oder beliebig. Aus Sicht der Philosophie bewegen die Wissenschaften sich immer wieder in den Bereichen, die als »Metaphysik« oder »Ontologie« bezeichnet werden. Und diese Bereiche sind, als klassische Gegenstandsbereiche der Philosophie, per se kritikwürdig.

Im Dialog mit den Geistes-, Kultur- und Gesellschaftswissenschaften verschärft sich das gerade beschriebene Problem. Weiter oben wurde gesagt, dass die Aussagen dieser Wissenschaften in eine Konkurrenz zu unseren Selbstauslegungen treten. Auch deswegen gibt es gegen sie immer wieder Vorbehalte: sie weisen uns oft auf

Die Familie der Diskurskulturen 91

Probleme hin, die uns unangenehm sind, weil sie uns selbst betreffen. Das haben sie allerdings mit der Philosophie gemeinsam: Auch die Geistes-, Kultur- und Gesellschaftswissenschaften fragen nach Voraussetzungen, nach Gründen, Ursachen, Prinzipien. Allerdings tun sie das unter den Voraussetzungen, die sie selbst mitbringen müssen, damit sie Geistes-, Kultur- und Gesellschaftswissenschaften sein können.

Das bedeutet für die Philosophie, dass sie nicht nur mit den – aus ihrer Sicht – metaphysischen oder ontologischen (also das »Sein« der Dinge betreffenden) Voraussetzungen in den Naturwissenschaften konfrontiert ist. Sie ist auch mit der Vielfalt der Voraussetzungen der Geistes-, Kultur- und Gesellschaftswissenschaften konfrontiert: Ist »Geist« noch am ehesten als philosophischer Begriff erkennbar, so verhält sich das bei den Begriffen »Geschichte«, »Kultur«, »Gesellschaft« schon anders. Denn die Wissenschaften, die sich – grob gesagt – mit diesen Bereichen auseinandersetzen, haben selbst eine wissenschaftliche Tradition, können selbst auf Debatten über Theorien, Gegenstände und Methoden zurückblicken. Weil die Philosophie – aus deren Sicht – eine Geschichte hat, zur Gesellschaft und zur Kultur gehört, erscheint sie für die Geistes-, Kultur- und Gesellschaftswissenschaften oft genug eher als Teil ihres jeweiligen Gegenstandsbereichs.

Das kann in der Philosophie wieder für Irritationen sorgen. Denn auch diese – aus ihrer Sicht – allzu selbstverständliche Einordnung in Gegenstandsbereiche wie »Geschichte«, »Kultur« oder »Gesellschaft« ist für sie frag- und kritikwürdig. Muss sie die vorausgesetzten Begriffe wirklich so akzeptieren? Was ist mit den Theorien und Methoden der Geistes-, Kultur- und Gesellschaftswissenschaften? Basieren sie nicht – zu großen Teilen – selbst auf philosophischen Konzepten?

Für den Philosophen wiederholt sich das Problem: was er kritisch hinterfragen will, soll er schon als gegeben voraussetzen. Und auch der Geistes-, Kultur- oder Gesellschaftswissenschaftler kann das gleiche Problem haben, das auch der Naturwissenschaftler hat: Er verwechselt dann die Infragestellung eines Geltungsanspruchs mit der Infragestellung des Gegenstandes, der mit diesem Anspruch formuliert wird.

Erschwert wird das Problem auf dieser Ebene durch begriffliche Entscheidungen, auf denen Geistes-, Kultur- und Gesellschaftswissenschaften noch deutlicher als die Naturwissenschaften basieren. Zugleich müssen sie diese Begriffe aber voraussetzen, damit sie überhaupt eine Theorie, einen Gegenstand, eine Methode haben. Auch hier hat sich die Kritik dieser begrifflichen Entscheidungen in die methodischen und theoretischen Diskussionen der jeweiligen Diskurskulturen ausgelagert. Noch mehr als in den Naturwissenschaften, die sich ja immer noch auf die empirisch gegebenen Dinge berufen können, stellt die Infragestellung geistes-, kultur- und gesellschaftswissenschaftlicher Begriffe diese Wissenschaften selbst in Frage.

Eine Möglichkeit, um aus diesem Dilemma herauszufinden, liegt in der klaren Unterscheidung von Aufgaben. Das könnte so aussehen: Die Wissenschaften streben nach empirisch beschreibbarem Wissen, nicht nach absoluter Wahrheit. Und empirisches Wissen ist nur dann möglich, wenn die Grenzen, in denen es beschrieben wird, schon vorgegeben sind. Diese Grenzen werden auch innerhalb der Wissenschaften immer wieder verschoben. Aber die Anlässe für solche Grenzverschiebungen sind ganz unterschiedlich.

Manchmal handelt es sich um Probleme, die aus der gegenwärtigen Sicht unlösbar erscheinen und für die man neu ansetzen muss. Manchmal ergeben sie sich durch neue Entdeckungen, manchmal auch durch theoretische Innovationen, mit denen ein bereits bekanntes Phänomen auf neue Weise ausgedrückt werden kann, oder durch technologische Innovationen, die neue Formen des Experiments ermöglichen.

Die Philosophie wiederum würde sich in diesem Vorschlag vor allem mit dem Problem der Rechtfertigbarkeit bestimmter Ansätze auseinandersetzen. Für den Wissenschaftler bedeutet das: Nur weil die Philosophie die Geltung eines Begriffs oder die Konsistenz einer Theorie in Frage stellt, stellt sie deswegen noch nicht in Frage, was dieser Begriff oder was diese Theorie beschreiben sollen. Sie kritisiert einfach ein Problem, das aus ihrer Perspektive mit solchen Voraussetzungen besteht. Ob und, wenn ja, wie die Wissenschaften diese Kritik aufgreifen, liegt dann an ihnen.

Information, Kommunikation und Diskursethik

Verschiedene Diskurskulturen gibt es nicht nur mit Bezug auf eine wissenschaftliche bzw. philosophische Perspektive. Auch eine Vorstellung vom Diskurs selbst kann sich zu einer Kultur herausbil-

Information, Kommunikation und Diskursethik

den. Die Voraussetzungen dieser Vorstellung bestimmen die Art und Weise, wie der Diskurs beschrieben wird. Je nachdem, wie voraussetzungsreich eine solche Vorstellung ist, kann sie manche Bereiche einer Rede geradezu notorisch ausblenden.

Ein typisches Beispiel für eine Vorstellung vom Diskurs ist, dass das gemeinsame Sprechen ausschließlich der Übermittlung von Information diene. Das folgt einem schon etwas älteren Kommunikationsmodell, das aber so weit verbreitet ist, dass manche es als Voraussetzung für selbstverständlich halten. In diesem Modell gibt es einen Sender, der eine bestimmte Information übermitteln will, und einen Empfänger, der diese Information empfängt. Der Diskurs wird auf einen empirisch beschreibbaren Vorgang reduziert, in dem die Teilnehmer im Diskurs wie Sende- und Empfangsgeräte agieren.

Das Problematische an dieser Vorstellung ist zunächst einmal, dass ganz unklar ist, wer eigentlich bestimmt, was der inhaltliche Gehalt der übermittelten Information ist. Denn im Zweifelsfall müssen beide Teilnehmer sich ja darüber einig sein, dass eine bestimmte Reihenfolge von Worten genau das und nichts anderes bedeutet. Nur dann lässt sich die Vorstellung einer interpretationsunabhängigen Bedeutung halten. Das, was Kommunikation in fast allen Fällen so problematisch macht – nämlich was man eigentlich mit dem Gesagten »meint« oder was man rhetorisch tut –, wird einfach als gegeben vorausgesetzt.

Dann besagt das Sender-Empfänger-Modell aber nichts weiter, als dass einer spricht und der andere zuhört, oder dass einer schreibt und der andere liest. Weil unklar ist, woher der »eigentliche« Gehalt einer Aussage objektiv bestimmt worden ist, öffnet dieses Modell sophistischen Strategien Tür und Tor. Eine dieser Strategien besteht darin, von der eigenen Sprachverwendung ohne weitere Begründung auf die aller anderen zu schließen.

Rückt man die eigene Sprachnorm an die Stelle des objektiv gegebenen Mitteilungsinhalts im Sender-Empfänger-Modell, kann man immer Recht behalten: Der Empfänger, der die eigene Aussage nicht so versteht, wie man sie selbst versteht, liegt falsch. Und der Sender, der die gesendete Aussage nicht so versteht, wie man sie selbst versteht, liegt auch falsch. Der dabei auftretende Widerspruch verweist zurück auf die Voraussetzung als Problem: dass eben nicht jeder jede Sprache immer auf die genau gleiche Weise verwendet oder auch nur verwenden muss wie man selbst.

Ähnlich verhält es sich mit anderen Kommunikationsmodellen. Je voraussetzungsreicher sie sind, desto eher kann es sein, dass eine dieser Voraussetzungen problematisch ist. Allerdings liegt das Problem nicht allein auf Seiten der Modelle oder der sie stützenden Theorien. Manchmal verstehen auch die Anwender dieser Modelle nicht, wozu sie gut sind. Sie missverstehen eine empirische *Beschreibung*, die immer bestimmte Aspekte einer Sache beschreibt, als moralische oder ontologische *Vorschrift*. Weil es Wissenschaften gibt, die den Diskurs so oder so beschreiben, muss er auch so und so sein – und nicht anders. Ironischerweise hebt man durch ein solches Argument gerade die Wissenschaftlichkeit auf, die man mit ihm in Anspruch nehmen will. Denn Wissenschaften sind keine Religionen – aus ihrer Beschreibung des Seins folgt kein Sollen.

Neben ganz verschiedenen empirischen gibt es natürlich auch ganz verschiedene philosophische Beschreibungen des Diskurses. Manche davon beschreiben den Diskurs als Redehandlung oder Sprechakt. Manche gehen von einer zugrundeliegenden gemeinsam geteilten Bedeutung aus, andere kritisieren genau diese Voraussetzung. Für diese Beschreibungen gilt, was auch für die wissenschaftlichen Beschreibungen gilt: Man sollte sich die Voraussetzungen genau ansehen und sich fragen, ob man sie teilen muss oder nicht.

Es gibt aber auch philosophische Beschreibungen des Diskurses, die eine normative Wendung nehmen. Das heißt: Sie beschreiben den Diskurs nicht nur, sie sagen auch, was ein »guter Diskurs« ist. Deswegen nennt man solche Beschreibungen »Diskursethik«: Sie stellen die Behauptung auf, es gäbe eine »gute« oder »richtige« Haltung im Diskurs, die ihn auf eine bestimmte Weise »besser« macht.

Auch hier muss man sich kritisch, d.h. voraussetzungslos fragend und prüfend, mit den jeweiligen Voraussetzungen auseinandersetzen. Denn auch Philosophen übernehmen manchmal stillschweigend gesellschaftliche Moralvorstellungen, ohne sie weiter zu hinterfragen. Dadurch gewinnt ihr Argument ein rhetorisches Moment: Wer eine Diskursethik auf solchen Werten fundiert, von denen er ausgehen kann, dass die meisten anderen sie teilen, der kann damit durchaus erfolgreich sein. Allerdings wäre das kein philosophischer, sondern eben ein moralischer oder politischer Ansatz. Anstatt um das beste Argument ginge es hier darum, Mehrheiten zu gewinnen oder ihnen nach dem Mund zu reden.

Manche Diskursethiken gehen von psychologischen – z.B. moralpsychologischen –, soziologischen oder kommunikationstheore-

Fallen der Selbsttäuschung

tischen Voraussetzungen aus. In solchen Fällen muss man sich die dahinterstehenden Theorien genau ansehen. Muss man ihre Voraussetzungen teilen? Oder steckt da nicht doch ein Zirkelschluss dahinter, in dem das vorausgesetzt wird, was allererst gezeigt werden soll? Andere wiederum beziehen sich auf die Redepraxis selbst, also auf das, was jeder tut, wenn er an einem Diskurs teilnimmt. Solche Voraussetzungen kann man schwer in Frage stellen – man würde sich selbst widersprechen. Trotzdem kann man auch hier immer noch fragen, ob man die Auslegung der Redepraxis auch so teilen muss.

Fallen der Selbsttäuschung

Ein philosophisches Gespräch zu führen ist also gar nicht so einfach. Man gerät sehr schnell in Situationen, in denen ein solches Gespräch sich in unproduktive Schleifen verstrickt. Das kann daran liegen, dass man von ganz verschiedenen Diskurskulturen aus spricht. Viele Probleme entstehen aber auch aus einfachen Selbsttäuschungen, von denen einige so mächtig sind, dass man aus ihnen schwer wieder herausfindet.

Wenn hier von Selbsttäuschungen die Rede ist, meint das natürlich keinen moralischen oder persönlichen Vorwurf. Es geht eher um problematische Ausgangspunkte, die in irgendeiner Hinsicht einen selbst betreffen. Solche Ausgangspunkte haben die seltsame Eigenschaft, dass sie sich als Problem selbst unsichtbar machen.

Ein Beispiel wäre eine Version der sogenannten reflexiven Setzung: Ich gehe davon aus, dass alle Menschen letztlich von einer für sie feststehenden Überzeugung ausgehen. Mein Beweis dafür ist diese feststehende Überzeugung selbst: Ich gehe davon aus, dass die Überzeugung feststeht, dass alle Menschen von einer feststehenden Überzeugung ausgehen. Wer mir widerspricht, der wird das nur deswegen tun, weil er eben von einer anderen feststehenden Überzeugung als meiner eigenen ausgeht.

Wie man sieht, gibt es bei diesem Problem keinen Ausweg mehr. Jede weitere Aussage von mir oder von jemand anderem werde ich im Licht meiner Voraussetzung und damit als Bestätigung dieser Voraussetzung betrachten.

Ein anderes Beispiel ist die sogenannte reflexive Viktimisierung, von Englisch »victim«, »Opfer«. Hier wird noch deutlicher, wie sich der eigene Ausgangspunkt selbst unsichtbar machen kann: Ich setze apodiktisch fest, ohne eine Beweislast dafür anzuerkennen, dass mein Gegenüber ein Angreifer oder Täter und ich sein Opfer bin. Weil ich ihm das einfach unterstelle und meine Unterstellung ohne jeden Beweis zur Tatsache erkläre, mache ich aber genau das, was ich ihm vorwerfe: Ich mache ihn zum Opfer meiner Unterstellung.

Faktisch bin also in diesem Spiel ich der Täter und er ist das Opfer; weil ich aber apodiktisch festgelegt habe, dass es genau umgekehrt ist, wird das, was ich wirklich mache, für mich unsichtbar. Kritisiert der Andere meine Unterstellung, kann ich das als Angriff werten und damit als Bestätigung meiner eigenen apodiktischen Setzung.

Im Gespräch kommen Selbsttäuschungen dieser Art also dadurch zustande, dass man eine Behauptung aufstellt, die einen selbst betrifft, und dass man diese Behauptung von voneherein in Geltung setzt. Dieser zweite Schritt lässt für einen selbst jede alternative Möglichkeit, die Situation zu verstehen, verschwinden. Und wer diese Setzung dann in Frage stellt, der bestätigt sie wieder nur.

Wer im Gespräch Fragen stellt oder Probleme aufwirft, handelt philosophischer als derjenige, der versucht, allen anderen seinen Willen aufzuzwingen. Allerdings können auch Fragen und Probleme so gestellt werden, dass sie ihre eigene Lösbarkeit unmöglich machen.

Beispiele für diese Art von Selbsttäuschung findet man oft in sogenannten philosophischen »Gedankenexperimenten«. Ein berühmt gewordenes Gedankenexperiment ist das vom »Gehirn im Tank«: Stellen Sie sich vor, in der Nacht hätten geniale Chirurgen Ihr Gehirn aus Ihrem Schädel operiert und an einen Computer angeschlossen. Dieser Computer simuliert alles genau so, wie Sie es vorher auch erfahren haben. Ist also das, was Sie gerade erleben, eine Simulation? Wenn nicht – wie können Sie sicher sein?

Auf den ersten Blick handelt es sich um ein klassisches philosophisches Problem: Wie können wir unsere Außenwelt erkennen, wenn wir alles, was wir erkennen, schon auf eine bestimmte Weise erkennen? Auf den zweiten Blick entdecken wir aber, dass eine Prämisse des Gedankenexperiments und seine Fragestellung nicht zusammenpassen. Die Fragestellung lautet: Wie können wir erkennen, dass, was wir erleben, keine Simulation ist? Das setzt voraus, dass wir irgendein Kriterium an der Hand haben, mit dem wir Wirklichkeit und Simulation auseinanderhalten können.

Betrachten wir aber die Prämisse unseres Gedankenexperiments, ist genau das unmöglich: denn der Computer simuliert alles genau so, wie Sie es vorher auch erfahren haben. Der Fragesteller errichtet

Fallen der Selbsttäuschung

also eine unübersteigbare Mauer – und dann fordert er Sie auf, sie zu übersteigen. Sieht man noch etwas genauer hin, fällt ein weiterer Widerspruch auf. Denn derjenige, der die Geschichte erzählt, müsste zugleich Sie sein und müsste ein anderer sein als Sie. Denn woher weiß er sonst, dass der Computer alles genau so simuliert, wie Sie es vorher auch erlebt haben?

Ein anderes Gedankenexperiment versetzt Sie in die Lage eines Straßenbahnschaffners. Er fährt, mit hoher Geschwindigkeit, eine Schiene entlang, als er plötzlich an eine Weiche kommt. Auf dem linken Gleis liegt ein Mann gefesselt auf den Schienen. Das rechte Gleis ist zu kurz geraten – es endet nach wenigen Metern an einer Wand. Ihre Bremsen funktionieren nicht. Sie müssen also handeln – aber was ist die moralisch bessere Alternative? Den Mann zu töten? Oder sich selbst und alle Insassen gegen die Wand fahren zu lassen?

Die Fragestellung ist so spektakulär, dass nicht gleich auffällt, wo hier das Problem ist. Denn anstatt Sie in der Rolle des Straßenbahnfahrers in eine moralische Zwickmühle zu versetzen, könnte man ja auch anders fragen: Warum genau liegt da ein Mann gefesselt auf den Schienen? Wer hat ihn gefesselt? Und wer hat sich ein Auslaufgleis ausgedacht, das zu kurz ist, um darauf unbeschadet auslaufen zu können? Warum funktionieren die Bremsen eigentlich nicht? Ist das nicht generell problematisch, wenn man eine Straßenbahn fährt?

Die Prämissen dieses Gedankenexperiments sind bereits so angelegt, dass der Handelnde sich gar nicht mehr frei zur Situation verhalten kann. Indem sie andere Fragen beiseitelassen, konstruieren sie eine Situation, in der es immer nur noch um »mehr« oder »weniger« gehen kann. Wer dann mit einer solchen Überlegung bestimmte moralische oder ethische Positionen prüfen will, dem werden genau diejenigen als passend erscheinen, die ebenfalls mit »mehr« und »weniger« rechnen. Und diejenigen, die von einer freien Handlung ausgehen und den Handelnden an seinen Gründen messen, erscheinen von vornherein als unsinnig.

Dass es sich bei diesen Beispielen um Selbsttäuschungen handelt, bedeutet natürlich nicht, dass sie – oder andere – generell zu vermeiden wären. Im Gegenteil: Gerade aus Selbsttäuschungen ergeben sich oft interessante philosophische Fragestellungen. Dennoch sollte man ihre selbsterzeugte Unlösbarkeit nicht für eine Eigenschaft der Problemstellung selbst halten.

Sophisten und Trolle

In Täuschungen kann man aber nicht nur geraten, wenn man sie selbst erzeugt. Man kann auch auf sie hereinfallen, wenn andere gelernt haben, sie einzusetzen. Das alltägliche Gespräch lädt geradezu dazu ein, seine unausgesprochenen Regeln zum eigenen Vorteil zu nutzen. Wo es vor allem darum geht, Mehrheiten zu gewinnen, kann man die eigene Position rhetorisch ein wenig »aufpolstern«, so dass sie auf den ersten – und oft auch auf den zweiten – Blick begründet erscheint. Diese Taktik verlässt sich darauf, dass man in einer Gesellschaft, die nicht nach guten Gründen fragt, auch gar keine guten Gründe vorbringen muss. Es reicht, die Zuhörer oder Leser so zu manipulieren, dass die eigene Sichtweise als die überzeugendste erscheint.

Der öffentliche Diskurs, da darf man sich gar nichts vormachen, ist sehr stark von dieser Vorstellung eines Redewettstreits geprägt. Das ist auch verständlich: Seine Teilnehmer sind im seltensten Fall Philosophen, manchmal zwar Geisteswissenschaftler, sehr oft aber Journalisten, Politiker oder Bürger ohne wissenschaftliche Ausbildung. Wissenschaftler und »Intellektuelle« werden dort wie Autoritäten zitiert und wie Kanonen in Stellung gebracht. Je mehr man davon abfeuern kann, umso besser.

Als Philosoph muss man in diesem Spiel aufpassen, nicht allzu sehr unter die Räder zu kommen. Deswegen halten sich die meisten akademischen Philosophen auch aus diesem Spiel heraus. Oft gilt es bei ihnen auch als unfein, wenn man sich in den Niederungen des öffentlichen – und das heißt hier vor allem: nicht-akademischen – Diskurses bewegt.

Dabei hätten gerade die Philosophen etwas zu diesem Diskurs beizutragen. Mit ihrer Aufmerksamkeit auf Begriffe und Begründungen, auf Probleme und Rechtfertigungen sind sie wichtige Impulsgeber. Vor allem aber bilden sie so etwas wie eine »Firewall« gegen Argumente, die den öffentlichen Diskurs durch rhetorische Tricks manipulieren. Sie können diese Tricks nicht nur entlarven, sondern auch zeigen, wann sie strategisch, also geplant und systematisch, eingesetzt werden.

Manipulative Rhetoriker nannte man in der Antike »Sophisten«. Dieser Begriff reichte von politischen Rednern bis zu professionellen Krawallmachern, die jede Diskussion entgleisen lassen konnten. Schon damals war die philosophische Aufklärung in der Defensive.

Die Sophisten beherrschten den Diskurs und zogen Scharen von Anhängern an. Die Philosophen zogen sich in Gärten, Tempelanlagen und Haine zurück und belehrten eine kleine Zahl von Schülern.

Heute findet der öffentliche Diskurs nicht nur auf der Straße, im Fernsehen, in der Zeitung oder im Radio statt. Er hat eine spiegelbildliche Erweiterung im World Wide Web gefunden. Die seltsame Gleichzeitigkeit von Nähe und Ferne, das Nebeneinander der Profile von zwei Menschen, die vielleicht auf entgegengesetzten Seiten des Erdballs leben, spitzt den Diskurs zu. Man handelt und spricht zunächst in einer virtuellen Welt, aus der man sich jederzeit ausklinken kann. Das verringert das Bewusstsein dafür, dass man für die eigenen Handlungen, auch Redehandlungen, verantwortlich ist.

Solche Bedingungen locken Leute an, die Störung als Selbstzweck oder aus ideologischen Gründen betreiben. Anders als das wirkliche Leben basiert das World Wide Web ja auf einer technologischen Infrastruktur. Wer gelernt hat, in diese Infrastruktur einzugreifen, hat im Zweifelsfall auch auf solche Daten Zugriff, die eigentlich nicht in die Öffentlichkeit gehören. Entsprechend ringen sowohl staatliche Institutionen als auch private Spezialisten um die Hoheit über diesen operativen Bereich. Computerviren, Hackerangriffe, Datendiebstahl und daran anschließende kriminelle Handlungen, aber auch »Whistleblowing«, sind direkter Ausdruck dieser Entwicklung.

Ein ganz ähnliches Phänomen gibt es auf der Ebene des Diskurses selbst, der im World Wide Web stattfindet. Das Bewusstsein, dass die Infrastruktur eines Systems »hackbar« ist, überträgt sich auch auf die Diskussion. Sogenannte »Trolle« nutzen die stillen Bedingungen eines Diskurses, um ihn entgleisen zu lassen. Die virtuelle Umgebung lassen Provokationen, Beleidigungen, Erpressungen durch Veröffentlichungsdrohungen und das Veröffentlichen privater Daten wie ein Computerspiel erscheinen, in dem ein Gegner geschlagen werden muss.

Ein System kann umso erfolgreicher gestört – oder getrollt – werden, je berechenbarer es ist. Allerdings sind ja auch die »Sophisten« und die »Trolle« berechenbar, auch wenn sie sich für unberechenbar halten. Wer ihnen eine Zeitlang zusieht, der kann Muster und Routinen erkennen. Und weil »Trolle« so weit verbreitet sind, kann man diese Muster und Routinen ihrerseits auf Vorbilder zurückführen. Auch die Kunst, Systeme zu stören, kann sich zu einem System ausbilden, mit Traditionen und nicht weiter reflektierten Voraussetzungen. Das Zeitalter der »Trolle« ist, entgegen mancher Unkenrufe, die beste Zeit für Philosophen. Es ist ein Zeitalter, in der eine ganze Generation lernt, auf operative Voraussetzungen zu achten.

Eine Praxis der Freiheit

Ob privat oder öffentlich, im Feuilleton oder in der WG-Küche – oft nerven uns Diskussionen einfach nur. Sie verlaufen in den meisten Fällen unproduktiv, jedenfalls so, dass sie für mindestens einen Teilnehmer unbefriedigend bleiben. Weil das so eine unangenehme Erfahrung ist, gehen wir Konflikten lieber aus dem Weg. Wir stimmen zu, wo wir eigentlich nicht zustimmen wollen. Wir nehmen kritikwürdiges Verhalten in Kauf oder übernehmen fragwürdige Darstellungen und Erzählungen, damit wir die Anerkennung der anderen nicht verlieren. Um der Harmonie und des lieben Friedens willen ertragen wir auch Situationen, in denen wir teilweise äußerst unfair behandelt werden.

Wenn wir diskutieren, legen wir daher erheblichen Wert darauf, dass es sich auch lohnen muss. Das Ergebnis muss stimmen, sonst kann man es gleich vergessen, so eine weitverbreitete Überzeugung. Da der Weg zu einem Ergebnis, das für beide gleichermaßen einsichtig ist, allerdings oft sehr weit, steinig und zeitraubend ist, gehen manche eine Abkürzung. Sie setzen voraus, dass in einem Streitgespräch einer von beiden Recht hat. Und nun müsse man nur noch herausfinden, wer.

Das Gespräch vom Ergebnis her zu denken, hat Vorteile. Oft wird zu lange theoretisch über etwas nachgedacht, was man mit einer pragmatischen Entscheidung lösen kann. Daraus folgt aber nicht, dass Pragmatismus in jedem Fall der beste Weg ist. Wenn es nur darum geht, ein von allen akzeptiertes System am Laufen zu halten, dann sind pragmatische Entscheidungen meistens sinnvoller als theoretische Abhandlungen. Wenn es aber darum geht, ein System selbst in Frage zu stellen, kann Pragmatismus schnell gewalttätig werden.

Wer einen Diskurs immer nur vom Ergebnis her denkt, zwingt ihm also eine bestimmte Form auf. Am Ende muss eine Einigung stehen – ob man das mit Kompromissen oder Zwang erreicht, ist zweitrangig. Der Diskurs, der Dialog, der Streit, die Auseinandersetzung, die Debatte – alles wird dem Zweck unterworfen, effizient und innerhalb eines festgelegten Zeitrahmens Ergebnisse zu produzieren.

Eine Praxis der Freiheit 101

Diskurse, die keine Ergebnisse erbringen, erscheinen dann sinnlos. Dabei bleiben kritische Überlegungen natürlich auf der Strecke. Was zählt, ist einzig das, was hinten dabei herauskommt.

Der Weg, den man geht, verschwindet fast gänzlich hinter einer solchen unbedingten Orientierung am Inhalt und am Ergebnis. Seitenwege erscheinen irrelevant, Umwege umständlich, Bedenken wegen ungeprüfter Voraussetzungen erscheinen unpraktisch und realitätsfremd. Eine allzu pragmatische Gesprächshaltung hat außerdem zur Folge, dass der Horizont alternativer Perspektiven immer kleiner wird. Die Orientierung am Vorbild der effizienten Produktion lässt nur noch das zu, was als das Naheliegendste erscheint. Und je öfter man nur noch ergebnisorientiert diskutiert, desto mehr schleift es sich ein, wird selbstverständlich. Am Ende täuscht man sich selbst in die Illusion hinein, dass jeder andere genauso vorgeht, wie man es selbst tut.

Wem es ständig nur um das Was geht, der verliert das Wie aus den Augen. Das Wie, das ist die Art und Weise der eigenen Argumentation, sind die rhetorischen Mittel und Tricks, die man einsetzt, um andere zur Zustimmung zu bewegen. Zu ihm gehören aber auch die Begriffe, die man nicht weiter hinterfragt, gehören all die stillen Vorurteile und Voraussetzungen, die man einfach für alle anderen als geltend setzt. Wer diese Vorurteile und Voraussetzungen nicht immer wieder herausfordert, den werden sie irgendwann beherrschen. Und das macht uns berechenbar – und lässt uns damit zu willfährigen Opfern von Repression und Ausbeutung, aber auch von sanfter Lenkung und Verhaltenskontrolle durch andere werden.

Um sich aus solchen Zusammenhängen zu befreien, muss man nicht gleich eine Revolution anzetteln oder sich in trotziger Widerstandshaltung auf einem Rittergut verschanzen. Das wirksamste Gegenmittel gegen die Erfahrung von Unfreiheit ist nicht der reine Befreiungsschlag ohne Rücksicht auf Verluste. Er führt nur in eine neue Form der Unfreiheit. Das wirksamste Gegenmittel hat mit der Einsicht zu tun, dass es vor allem die Orientierung an einem perfekten oder abschließenden Ergebnis ist, die einen unfrei macht.

Dieses Versprechen von Perfektion, Abschluss, Ankommen und damit von Ruhe, Gelassenheit, Macht und Stärke beherrscht alle möglichen Kontexte menschlicher Selbstbestimmung. Das reicht von sämtlichen Werbebotschaften – Nahrungsmittel, Autos, Mode – bis hin zu Familienplanung und Lebensstilen. Es beherrscht aber auch und vor allem unser Denken: Wir suchen immer wieder nach dem Prinzip, dem Ursprung, dem Ausgangspunkt, dem Ziel, die uns endgültig bestimmen. Dabei müssen diese Abschlussfiguren gar nicht unbedingt konkret erfasst sein.

Ob wir nun der Natur, der Kultur, der Gesellschaft, der Geschichte, unseren Eltern oder unserer Familie, ob wir unserer Sprache, unserer ideologischen Prägung, unserem religiösen Bekenntnis oder unserem Unbewussten, Unterbewussten und Irrationalen, unserem Gefühl oder Gespür, ob wir unserer Fähigkeit, Gewalt ausüben zu können oder unserem unbedingten Freiheitsdrang diese Rolle zuschreiben, ist für ihre Funktion zweitrangig. Wichtig ist nur, dass wir eine Schlussfigur gefunden haben, sei sie nun Untergrund und Fundament oder Abgrund und ständige Bedrohung.

Wenn aber all diese Schlussfiguren vor allem dort auftauchen, wo wir sie ungefragt voraussetzen und für selbstverständlich halten, wenn wir sie also vor allem in unserer Praxis der Rechtfertigung, der Welterklärung, der Durchsetzung usw. gebrauchen – dann besteht vielleicht der beste Weg, sie herauszufordern, in einer Praxis, die das thematisiert, was sie selbst tut.

Oft wird beklagt, dass das sokratische Gespräch im Nirgendwo endet. Das Ergebnis bleibt aus – ist das Gespräch deswegen sinnlos gewesen? So denkt nur, wer nicht versteht, welche Praxis dort vollzogen wurde. Anstatt immer nur auf das zu achten, was jemand sagt und was hinten herauskommt, können wir jederzeit auch aufmerksam dafür werden, was jemand tut und was wir selbst tun, wenn wir mit jemandem ein Gespräch führen. Das Erste, was uns dabei auffällt, ist: Wir führen ein Gespräch. Jeder von uns nimmt an diesem Gespräch teil, jeder spricht von einer Position aus, und jeder sagt etwas Bestimmtes. Nicht unbedingt etwas, von dem er schon weiß, was es ist – aber jederzeit etwas, von dem er und andere sagen können, dass es etwas anderes nicht ist.

Sokrates fordert sein Gegenüber immer wieder auf, sich an das zu erinnern, was gerade oder auch vor einiger Zeit gesagt wurde. Das, was die Gesprächsteilnehmer gesagt haben, ist das, was sie miteinander teilen, woran sie miteinander teilnehmen. Das heißt: Noch vor jedem Ergebnis, noch vor jedem inhaltlichen Argument ist das Gespräch selbst etwas, auf das wir uns einigen können und, sofern wir an ihm teilnehmen, auch einigen können müssen.

Allein, dass wir miteinander reden, macht bestimmte Behauptungen, die in einem solchen Gespräch vorgebracht werden, sofort unwahrscheinlich – etwa, dass einer allen anderen vorschreiben kann, wie etwas ist oder wie etwas angesprochen werden muss. Denn vor jeder Behauptung eines solchen Sonderrechts wird er gesprochen haben, wie alle anderen sprechen, und er wird genauso wie alle anderen am Gespräch teilgenommen haben.

Dann verstehen wir aber auch, warum wir uns ständig auf Schlussfiguren beziehen: Sie sollen unsere Gesprächspartner im Gespräch davon überzeugen, dass auch sie von genau dem Ausgangspunkt – dem Ursprung, dem Prinzip, dem Urgrund oder Abgrund – aus sprechen, von dem aus derjenige spricht, der eine solche Schlussfigur behauptet und der sie als einziger beherrscht. Doch der einzige Ausgangspunkt, den wirklich alle teilen, ist das Gespräch, die Teilnahme am Gemeinsamen selbst. Und diese Teilnahme gilt gleichermaßen für alle. Sie zeichnet niemanden besonders vor allen anderen aus, und sie ermächtigt auch nicht einen oder einige, über die anderen zu herrschen oder sie vom Gespräch von vornherein auszuschließen.

Das bedeutet nicht, dass wir unsere Orientierung an Schlussfiguren in allen möglichen Kontexten aufgeben müssen. Denn das würde ja bedeuten, dass wir nun das Gespräch als einzige Schlussfigur in Geltung setzen – wir hätten die eine Unfreiheit durch eine andere, den Zwang zum Gespräch, eingetauscht. Es bedeutet aber umgekehrt, dass die Orientierung an Schlussfiguren selbst nicht immer notwendig ist. Das heißt: Es ist und es bleibt möglich, eine Perspektive einzunehmen, in der wir von vornherein gleichberechtigt sind. Und diese Perspektive können wir einfach dadurch einnehmen, dass wir von unserer Orientierung am Ergebnis, unserem Streben nach Relevanz und Effizienz, Pragmatismus und Ursprünglichkeit absehen und unsere Aufmerksamkeit auf das zurückwenden, was wir alle dafür voraussetzen müssen: Die Teilnahme am gemeinsamen Gespräch.

Um das einzuüben, können wir uns an der Praxis orientieren, die uns Sokrates in Platons Dialogen immer wieder vorführt. Denn auch wenn bei einem Gespräch kein endgültiges Ergebnis herauskommt, haben wir bereits eine ganze Menge miteinander geteilt. Wir haben gesprochen, haben gefragt und geantwortet, haben die Perspektive des anderen kennengelernt. Wir haben vielleicht auch neue Begriffe kennengelernt oder neue Weisen, eine Sache kritisch zu betrachten. Dass die Gespräche des Sokrates im Nirgendwo enden, kann auch als eine Lektion verstanden werden: das Ausbleiben eines endgültigen Ergebnisses aushalten zu können, die Einübung in die Akzeptanz des eigenen (Noch-)Nichtwissens.

Und noch etwas anderes können wir, wie bereits oben kurz erwähnt, von Sokrates lernen: Wenn sein Gegenüber im Gespräch auf seine Fragen keine Antwort mehr weiß, dann erklärt er sich nicht zum Sieger der Debatte. Nein – Sokrates bietet seinem Gegenüber den Rollentausch an: Hat vorher Sokrates ihn befragt, so werde er, Sokrates, nun ihm Rede und Antwort stehen, um »die Sache zu Ende [zu] bringen durch Frage und Antwort«.[6] Statt um das Mehr und Weniger im Wissen, im Modus des Wettkampfes, geht es um ein Gemeinsames, das beide gleichermaßen erschließen. Wer ein Gespräch auf diese Weise betrachtet, für den ist die Kritik oder gar die Widerlegung des eigenen Arguments nicht gleichbedeutend mit einer Niederlage. Wer so damit umgeht, kann lernen, auch gute Gegenargumente zu schätzen und als Gewinn zu betrachten, wie es der Renaissancephilosoph Pico della Mirandola vorschlägt:

»[I]ch wußte, daß diese Kämpfe, das heißt die wissenschaftlichen, von ganz besonderer Art sind, weil in ihnen besiegt zu werden ein Gewinn ist. [...] Denn wenn jemand unterliegt, empfängt er vom Sieger eine Wohltat, kein Leid, da er ja durch ihn sogar reicher, das heißt gelehrter und für die zukünftigen Gefechte besser gerüstet nach Hause zurückkehrt.«[7]

---

[6] Platon, Gorgias 449b.
[7] Pico della Mirandola, De hominis dignitate, a.a.O., S. 41.

Teil III –
Philosophisches Schreiben

»Daß überhaupt die geschriebene Philosophie nach ihren Anfängen vor mehr als 2500 Jahren bis heute virulent bleiben konnte, verdankt sie den Erfolgen ihrer Fähigkeit, sich durch den Text Freunde zu machen. Sie ließ sich weiterschreiben wie ein Kettenbrief durch die Generationen, und allen Kopierfehlern zum Trotz, ja vielleicht dank solcher Fehler, zog sie die Kopisten und Interpreten in ihren befreundenden Bann.«[1]

Das Studium der Philosophie ist zu großen Teilen eine Auseinandersetzung mit philosophischen Texten. Wo diese Auseinandersetzung geführt wird, in der eigenen, auf sich gestellten Lektüre ebenso wie im gemeinsamen Gespräch, der gemeinsamen Debatte, gerinnt sie nicht selten wieder zum Text. Die Praxis der Philosophie bewegt sich damit in einem ständigen Kreislauf von Lesen, Reden und Schreiben. Jeder Text kann wieder Gegenstand einer Lektüre werden; jede Lektüre wieder Gegenstand eines Gesprächs.

Allzu oft wird dieser Kreislauf jedoch unterbrochen. Das Niederschreiben der eigenen Gedanken gewinnt dann den Charakter eines Protokolls, einer Zusammenfassung von Ergebnissen oder eines Leistungsnachweises. Das Schreiben wird dabei ausschließlich instrumentell aufgefasst: Es erscheint als bloße Technik, um eigene Schlussfolgerungen festzuhalten oder den Leser über den Fortschritt in der Entwicklung des eigenen Wissensstandes zu informieren.

Schreiben ist aber sehr viel mehr als eine solche Technik. In ihm zeigt sich vielmehr die Praxis der Philosophie selbst, in einem doppelten Sinn: als Praxis, die sich in einer Momentaufnahme ihrer selbst versichert und als Praxis, die über ihren eigenen Vollzug *als Praxis* reflektiert.

---

[1] Sloterdijk, Peter: Regeln für den Menschenpark. Ein Antwortschreiben zu Heideggers Brief über den Humanismus, Frankfurt a. M. 1999, S. 7.

Insbesondere im letzten dieser beiden Fälle gewinnt das philosophische Schreiben einen geradezu experimentellen Charakter. Weit davon entfernt, bloßes Protokoll eines Wissensstandes zu sein, ist die Niederschrift der eigenen Gedanken auch und vor allem das Labor des Philosophen.

In ihm ringt er um seinen Gegenstand und um die Darstellung dieses Gegenstandes; in ihm konfrontiert er sich selbst mit seinem Gedanken als etwas, das ihm, oft zum ersten Mal, *gegenübersteht*. Dadurch wird der Text, der durch das Schreiben produziert wird, zum ersten Gesprächspartner des Philosophen im Dialog mit sich selbst.

Das bedeutet auch: Der Autor ist der erste Leser seines eigenen Textes. Und weil es einem philosophischen Autor nie nur um das Was, sondern auch und insbesondere um das Wie seiner Darstellung geht, kann man philosophische Texte immer als Texte verstehen, die sich selbst kommentieren.

Sie nehmen die eigenen Begriffe als Voraussetzungen in den Blick und fragen nach der Art und Weise ihrer Verwendung. Sie legen diese Art und Weise in neuen Begriffen aus. Und sie machen diese Art und Weise zum Problem, zur Lösung, zum Prinzip oder zu einem Bild, das den Leser auf etwas stoßen will, was er selbst entdecken kann, wenn er sich, wie der Text, auf die eigene Praxis bezieht.

Darin besteht das unübersehbar literarische Erbe der Philosophie, selbst wenn sie sich noch so sehr an einem außerphilosophischen – naturwissenschaftlichen, historischen usw. – Ideal orientiert. Sie versucht, den Leser dazu zu verführen, im vorliegenden Text nicht nur ein festgehaltenes, inhaltliches Wissen zu entdecken, sondern auch auf das aufmerksam zu werden, was er mit dem philosophischen Text teilt.

Diese Verführung geschieht nicht rhetorisch, als Überredung oder Manipulation. Sie stellt sich vielmehr als Angebot dar, einen Standpunkt, einen Blickpunkt, eine Sichtweise, eine Perspektive oder eine bestimmte Hinsicht einzunehmen. Wer philosophische Texte schreiben will, der wird nicht nur die eigenen Voraussetzungen mit bedenken, sondern auch und vor allem den Leser, der diesen Text liest.

Dabei ist die Darstellung eines philosophischen Gedankengangs, anders als in der Literatur, keineswegs beliebig. Philosophie ist in den seltensten Fällen nur eine Weltanschauung unter anderen, die man einfach annehmen oder ablehnen kann. Philosophische Texte zielen nicht auf Mehrheiten, sondern auf kritische Prüfung. Sie fordern den Leser heraus, sie in ihren eigenen Voraussetzungen zu stellen und formulieren ihr Angebot mit dem Anspruch der bestmöglichen Darstellung und Rechtfertigung des eigenen Gedankengangs.

Philosophische Texte sind, mit einem Wort, *Inszenierungen* und sie besitzen eine *Dramaturgie*. Sie inszenieren den Gedankengang als Angebot, um ihm hinterher-, ihm *nach*zudenken, ganz so wie der Kung-Fu-Meister am Ende des ersten Teils Bewegungen macht, die man erlernt, indem man sie nachmacht.

Dabei bedeutet das Nachmachen eben nicht, das Nachgemachte unkritisch als das Eigene zu akzeptieren. Es bedeutet vielmehr, in der Nachahmung eine Denkbewegung zu erlernen und zugleich zu lernen, sich auf eine eigene Weise – das heißt gegebenenfalls auch: auf eine andere Weise als der Text – kritisch zu dieser Denkbewegung zu verhalten.

Wer einen Text liest oder ein Gespräch führt, kann sich immer noch auf eine eigene Weise zu diesem Text oder diesem Gespräch verhalten – diese Einsicht ist eigentlich das, was das Erlernen einer philosophischen Praxis auszeichnet.

Solche Einsichten sind nicht nur wichtig, um sich einem philosophischen Text in der eigenen Lektüre zu nähern. Sie lassen sich auch als Auftrag an den Autor eines solchen Textes begreifen. Dieser Auftrag ist kompliziert – auch deswegen gilt philosophisches Schreiben als eine Königsdisziplin. Aber wenn man diese Komplexität versteht, kann man sich, Schritt für Schritt, daranmachen, diese Königsdisziplin zu meistern.

Wer nicht nur den Gegenstand – das Was –, sondern auch die eigene Darstellung – das Wie – im Blick behält, dem wird es leichter fallen, eine gute Rechtfertigung für den eigenen Gedanken zu finden. Und wer in seiner Darstellung außerdem den Leser mitdenkt, der lässt das Lesen eines Textes zu dem Dialog werden, der im ersten Teil als Angebot dieser Einführung formuliert wurde: einem Dialog zwischen dem Leser und dem Text, in dem der Autor sich mit seinem Gedankengang an den Leser wendet.

Das leere Blatt

Aller Anfang ist schwer. Wer anfängt, philosophisch zu schreiben, der steht wiederholt vor dem gleichen Problem. Im Kopf herrscht ein reges Durcheinander von erinnerten Textabschnitten aus der Lektüre, den eigenen Notizen mit Ideen, Hilfestellungen und vielen Fragen, sowie dem, was man auf der Suche nach Erläuterungen in der Sekundärliteratur über den Text gelesen hat. Der Kopf ist voll – das Blatt vor einem ist leer. Und nun soll das eine irgendwie auf das andere übertragen werden.

Die Angst vor dem leeren Blatt – sie ist sprichwörtlich. Das leere Blatt starrt einen an. Es fordert einen auf, es mit klugen Gedanken zu füllen. Es ist anspruchsvoll – und wehe, man genügt diesen Ansprüchen nicht ... Das ist natürlich Unsinn. Das leere Blatt tut überhaupt nichts. Es ist nur leer. Aber wenn wir zum ersten Mal unsere Gedanken auf Papier bringen sollen, werden wir mit uns selbst konfrontiert. Solange wir mit uns und unseren Überlegungen alleine sind, bleiben sie auf beinahe angenehme Weise flüchtig. Wenn wir uns, was selten genug ist, dabei ertappen, Unsinn gedacht zu haben, können wir ihn spurlos verschwinden lassen. Wir ersetzen ihn einfach mit einem besseren Gedanken und tun so, als hätten wir nie etwas anderes gedacht.

Wenn wir aber etwas zu Papier bringen, dann steht es erst einmal da und geht nicht einfach weg, weil wir an etwas anderes denken. Es ist zwar richtig, dass wir es da hingeschrieben haben. Und doch besitzt es ein seltsames Eigenleben, konfrontiert uns mit den eigenen Gedanken in einer bestimmten Form, lässt unser lebendiges Denken in Buchstaben, Worten und Sätzen erstarren. Wer schreibt, der entäußert das eigene Denken und gibt ihm eine eigenständige Existenz. Für den Anfänger der Philosophie bedeutet das in vielen Fällen: eine eher dürftige, wenig ansprechende und entlarvende Weise der Existenz. Mit dem eigenen Denken als Text konfrontiert, verlässt viele der Mut.

Manchmal missverstehen Studierende auch das Schreiben von Texten mit dem Abbilden fertiger Gedanken. Wer schon einmal versucht hat, den eigenen privaten Gedankenstrom in Echtzeit auf Papier zu bringen, versteht, wie sinnlos diese Vorstellung ist. Unser Innenleben ist ein wildes Durcheinander aus Erinnerungen, Erfahrungen, Assoziationen und unfertigen Überlegungen. Es ist durchsetzt von Gefühlen, Bedürfnissen, Ängsten und Grübeleien.

Das leere Blatt

Unsere Aufmerksamkeit springt hin und her, von der juckenden Wange zum Lärm der vorbeifahrenden Autos zu der Wespe, die um unseren Kuchen schwirrt, zu dem Termin, den wir heute Nachmittag haben und dem immer dringender werdenden Gefühl, auf die Toilette zu müssen. Irgendwo dazwischen erinnern wir uns vage an den Text, den wir vorgestern gelesen haben. Aber schon ein bestimmter Begriff, zu dem uns etwas ganz anderes einfällt, reicht aus, um uns davon wieder abzulenken.

Doch selbst wenn es uns gelingen würde, unseren Gedankenstrom so weit zu zügeln, dass wir ihn zu einem Text machen könnten, würden wir die Aufgabenstellung verfehlen. Einen Essay oder eine Hausarbeit zu schreiben bedeutet nicht, dass der Dozent von uns wissen will, was wir uns zu einem vorgegebenen Thema so denken. Eine Hausarbeit ist kein Gedankenprotokoll und keine Momentaufnahme des eigenen Innenlebens. Sie ist eine Maßnahme, um die Darstellung komplexer philosophischer Sachverhalte einzuüben, um später am philosophischen Forschungsdiskurs erfolgreich teilnehmen zu können.

Es gibt aber auch diejenigen Studierenden, die bereits im ersten Semester ihres Studiums fertige Philosophen sind. Sie haben vielleicht in der Schule ein paar Philosophen gelesen oder haben Meinungen über Philosophen aus der Sekundärliteratur aufgeschnappt. So gewappnet, gehen sie nicht nur selbstbewusst ins Seminar und konfrontieren die anderen Teilnehmer mit ihrem überbordenden Wissen. Sie schreiben auch ihre Hausarbeiten mit der Geste desjenigen, der sein eigenes Genie nur noch in die Feder diktieren musste.

Die Sätze solcher Hausarbeiten sind überwiegend kategorisch und legen die Prämissen fest, aus denen dann wohlfeile Schlüsse gezogen werden. Sie werden eingeleitet mit Phrasen wie »Es ist klar, dass …« und »Jeder weiß, dass …« oder auch »Es kann kein Zweifel daran bestehen, dass …«. Auch hier findet man, neben Zitaten von meist sehr bekannten (etwas später: vollkommen unbekannten) Philosophen, vor allem die subjektive Meinung des oder der Studierenden. Aber sie ist rhetorisch so aufbereitet, dass sie zumindest versucht, den Eindruck zu erwecken, es handle sich um eine unwiderlegbare Argumentationskette.

Beides, das subjektive Gedankenprotokoll und die Angeberhausarbeit, sind Strategien, um die Herausforderung durch das leere Blatt zu umgehen. In beiden Textgattungen halten die Verfasser ihren Gedankengang für die Einlösung der Aufgabenstellung. Das Gedankenprotokoll setzt dabei auf das warme Gefühl der Authentizität und der subjektiven Überzeugung. Die Angeberhausarbeit versucht, den Leser mit Wissen zu beeindrucken. Beide verwechseln die Abfassung eines Textes mit einem ihren aktuellen Gedankengang betreffenden Leistungsnachweis.

Nicht nur die Flucht nach vorne, auch Zurückhaltung im Schreiben kann sich aus Missverständnissen, Verwechslungen und falschen Erwartungen ergeben. Wer zum ersten Mal zu schreiben beginnt, hat oft die großen Philosophen als Vorbilder vor Augen. Der Philosoph hat einen Gedanken und er schreibt ihn nieder und heraus kommt die *Kritik der reinen Vernunft* – so die Vorstellung.[2] Das führt zu vollkommen unrealistischen Erwartungshaltungen an den eigenen Text.

Es gibt philosophische Autoren und Autorinnen, vom Studierenden zum Professor oder Privatgelehrten, die sitzen tagelang vor einem leeren Blatt und warten auf den perfekten Satz. Für sie gibt es nur das leere Blatt oder den perfekten Text. Dazwischen gibt es nichts. Auch hier spielt oft die Vorstellung eine Rolle, dass der Text, bevor er auf das Papier kommt, bereits fertig im Kopf da ist. Doch um ihn niederschreiben zu können, müsste man ihn, sozusagen im Kopf, bereits geschrieben haben. Das erschwert aber nur die Aufgabenstellung. Denn nun muss man nicht nur einen Text erschaffen, man muss ihn auch noch so perfekt erinnern können, dass man ihn nur noch als fertigen Text hinschreiben kann.

Andere wiederum verzweifeln an dieser Aufgabe. Die Sätze wollen einfach nicht gelingen und geniale Gedanken formen. Statt meisterhafter Überlegungen stehen stümperhaft hingeschmierte Halbsätze auf dem Papier und grinsen einen höhnisch an. Wer diese Erfahrung macht, der hält nicht selten die Unfähigkeit, solchen überhöhten Ansprüchen zu genügen, für einen philosophischen Ausleseprozess. Doch wer Perfektion zum Maßstab des eigenen Handelns macht, wird in den allermeisten Fällen enttäuscht werden.

Wenn man die eigenen Gedanken auf das leere Blatt einfach abbilden will, landet man meistens in subjektiven Bewusstseinsströmen oder in hochtrabenden Gelehrsamkeitssimulationen (um eben diese Subjektivität zu überspielen). Und wer von sich selbst erwartet, nach dem ersten Schritt oder bereits zuvor schon am Ziel angekommen

---

[2] Tatsächlich brauchte Kant für die *Kritik der reinen Vernunft*, von der Konzeption bis zur Durchführung, nicht weniger als zehn Jahre.

zu sein, der wird zwangsläufig scheitern. Beides aber übersieht die Rolle, die das Schreiben für das Denken spielen kann, wenn man es nicht nur als technisches Abbildungsverfahren betrachtet.

Wer das eigene Denken nicht mit Authentizität, Überlegenheit oder Perfektion verwechselt, muss sich auch nicht damit abmühen, diese Vorstellungen abzubilden. Statt sich an fertigen Gedanken zu orientieren, kann man auch darüber nachdenken, wie man eigentlich über Dinge nachdenkt: Man betrachtet sie von verschiedenen Seiten, man erwägt Einwände und verwirft sie aus bestimmten Gründen, man denkt über die eigene Betrachtung und die eigenen Erwägungen nach.

Ein Gedankengang ist nicht einfach da, er entwickelt sich in vielen verschiedenen Durchgängen. Um im Bild des Bildes zu bleiben: Man kann versuchen, ein Meisterwerk von der linken oberen Ecke bis zur rechten unteren Ecke mit allen Details auf eine leere Leinwand zu übertragen. Doch man wird scheitern, wenn man nicht versteht, dass zum Bild auch die Art und Weise gehört, wie das Bild entstanden ist. Wer nicht genau jede einzelne Malbewegung des Malers wiederholt, der das Original gemalt hat, wird scheitern. Und viele Pinselstriche sind unter anderen verschwunden, so dass es unmöglich ist, sie nachzuahmen. Oder man versucht, das Malen zu lernen – und ein eigenes Bild zu malen, von der Grundierung im ersten bis zur Ausarbeitung der Details im letzten Schritt.

Den Gedanken Raum geben: Schreiben als Labor und Werkstatt

Um das Schreiben zu lernen, muss man vor allem anderen eines tun: man muss schreiben. Das heißt: Man muss sich selbst das Schreiben als eine Handlung angewöhnen. Deswegen lautet die erste Lektion: Verliere den Respekt vor dem leeren Blatt. Das leere Blatt ist keine Prüfungskommission und auch kein Ausstellungsstück. Es stellt keine Ansprüche und will auch nicht ausschließlich mit genialen Gedanken vollgeschrieben werden. Das leere Blatt ist ein leerer Raum voller Möglichkeiten.

Die Schriftkultur entwickelte sich in der Antike zuallererst als eine Technik der Erinnerung. Man hielt fest, was man nicht vergessen wollte; man erschuf sich ein Gedächtnis außerhalb des eigenen, oft von vielen anderen Dingen des alltäglichen Lebens beanspruchten Kopfes. Doch in dem Moment, in dem es möglich wurde, Jahrhunderte alte Mythen, die vorher nur mündlich überliefert wurden, schriftlich festzuhalten, wurde es auch möglich, neue Mythen zu schaffen, die auf gar keine Überlieferung zurückblicken konnten. Man konnte sich nicht nur an etwas erinnern, sondern man konnte auch ganz Neues erschaffen, etwas erfinden und mit den eigenen Erfindungen herumspielen.

Genau diese Funktion kann das Schreiben haben, noch bevor man darüber nachdenkt, irgendwann einen zusammenhängenden Text daraus werden zu lassen. Wer schon einmal eine Einkaufsliste geschrieben hat, dem wird es nicht schwerfallen, Namen von Philosophen auf ein Blatt Papier zu schreiben und sie mit Pfeilen miteinander zu verbinden. Und wer schon einmal einen Liebesbrief geschrieben hat, der kann Fragen aufschreiben und mögliche Antworten darunter.

Der erste und wichtigste Zugang zum eigenen Schreiben ist das Führen eigener Notizen. Ob das in Form eines Notizbuches geschieht, das eine gewisse Ordnung schon mitbringt, oder ob man die eigenen Gedanken auf einzelne Zettel schreibt, die man miteinander verbindet – Notizen eignen sich hervorragend dazu, sich ein Labor der eigenen Gedanken aufzubauen. Ein solches Labor besteht vor allem aus Verbindungen, die man zwischen den notierten Gedanken zieht. Sie schaffen die Zusammenhänge, die die einzelnen Notizen vielleicht gar nicht ausdrücken, sondern erst in der Zusammenschau ergeben.

Wer sich ein solches Labor aufbauen will, der kann versuchen, eine Woche oder einen Monat lang immer mal wieder etwas aufzuschreiben, wenn ihm oder ihr etwas einfällt. Egal wo, egal wann – anlässlich einer Lektüre oder in der Bahn, nach einem Gespräch oder einem Spaziergang, Eindrücke zu einem Film oder einem Album, das man durchgehört hat. Nachdem man diese Notizen gesammelt hat, nimmt man sich Zeit, sie durchzusehen und aufeinander zu beziehen. Auf diese Weise kann man wiederkehrende Themen, Figuren, Fragestellungen entdecken und sie zu neuen Notizen machen, die auf die alten verweisen.

Wer sich ein solches Labor aufgebaut hat, in dem jeder Gedanke auf jeden bezogen werden kann, der kann es zu einer Werkstatt ausbauen. Mit der Zeit werden sich bestimmte Themen und Fragestellungen ergeben, die ihrerseits neue Notizen anregen, die sich wieder und weitergehend mit ihnen auseinandersetzen. Um diese Fragestellungen herum lassen sich eigene Notizzusammenhänge errichten. Neben den allgemeinen Notizen gibt es nun vielleicht spezielle Notizen zur »Ethik« oder zur »Umwelt«, zur »Stadt« oder zum Begriff der »Freiheit«.

Alles, was zum Oberthema passt, wird gesammelt und nach und nach dort angegliedert. Diese Werkstätten zu bestimmten Projekten helfen dabei, die Aufmerksamkeit zu bündeln und die Auswahl der Quellen zu steuern. In der Werkstatt werden Thesen zum Oberthema formuliert, verschiedene Perspektiven ausprobiert und wieder verworfen. Das tut man so lange, bis man sich dabei ertappt, alles zu einer bestimmten Fragestellung lesen zu wollen. Das ist natürlich nicht möglich – aber nun kann man sich selbst fragen, was einen eigentlich so sehr an diesem bestimmten Thema interessiert. Welche Fragen tauchen immer wieder auf? Und wie könnte man sie so beantworten, dass die Antwort andere überzeugen kann?

Was ist ein Problem?

Wer auf diese Weise fragt, der hat ein Problem. So (»problema«) nennt Aristoteles solche Fragen, die eine Infragestellung möglicher Antworten auf sie, die Fragen, miteinschließen. Auf eine Frage antworten kann jeder – aber ist die Antwort auch gut gerechtfertigt? Ist sie überzeugend dargelegt? Erst durch diese Erweiterung ergibt sich ein philosophischer Entwurf, also erst dann, wenn Antworten nicht einfach aus einem bestehenden Pool möglicher Antworten oder Voraussetzungen genommen werden, sondern selbst noch einmal auf ihre Rechtfertigbarkeit hin befragt werden.

Die Fragestellung eröffnet einen Horizont, die Problemstellung ergänzt eine weitere Frage, die ihn wieder eingrenzt. Damit stellt man sich selbst vor eine doppelte Aufgabe. Einerseits müssen möglichst viele Antwortmöglichkeiten durchdacht werden, damit eine mögliche Auflösung nicht durch eine zu eingeschränkte Sichtweise behindert wird. Andererseits ist nicht jede Antwortmöglichkeit gleichermaßen sinnvoll. Manche sind schon auf den ersten Blick wenig überzeugend, wieder andere machen erst Schwierigkeiten, wenn man sie tiefer durchdrungen hat.

Am Anfang kann das frustrierend sein. Man ist mit der großen Menge möglicher Antworten überfordert. Hat man sich dann eine ausgesucht, die man näher verfolgen möchte, kann sie sich immer noch als ein Holzweg erweisen. Das entmutigt viele, die von einem eigenen Denkproblem ausgehen wollen. Deswegen nehmen sie gerne die Perspektive des Naturwissenschaftlers ein, bei dem aktuelle Forschung stets auf schon bestehende Forschung aufbaut. Die philosophische Forschungsliteratur suggeriert, es gäbe bereits Fragen, Begriffe und Probleme, die abschließend geklärt sind und nur noch übernommen werden müssten.

Oft übernimmt man aber mit einer solchen Perspektive nicht nur hilfreiche Anregungen und gute Beobachtungen, sondern auch ihre expliziten und impliziten Voraussetzungen. Das kann dazu führen, dass man am Ende gar nicht mehr das eigene Denkproblem bearbeitet, sondern das eines anderen. Man nimmt anderen sozusagen Arbeit ab, aber die eigene Idee bleibt auf der Strecke.

Trotzdem ist es hilfreich, für eine Zeitlang die Perspektive eines anderen zu übernehmen, auch und gerade dann, wenn es um das Schreiben von Texten geht. Mehr noch als Lesen und Diskutieren ist Schreiben eine Praxis, ein Handwerk, das man durch Nachahmung erlernt und sich durch Variation aneignet. Vom Denkproblem eines bestimmten Philosophen auszugehen, kann auch den Vorteil haben, dass dem eigenen Denkproblem noch ein wenig »Welpenschutz« gewährt wird, bevor man es anderen zur Diskussion stellt. Außerdem kann man dadurch auch einüben, was es bedeutet, ein Denkproblem zu durchdenken, zu verteidigen, zu beschreiben und mögliche Lösungswege zu erörtern.

Bevor man also Philosoph in eigener Sache wird, kann es sinnvoll sein, sich selbst zum Vertreter verschiedener philosophischer Schulen auszubilden. In dem Moment, in dem man sich in einer bestimmten Schule wohlzufühlen beginnt, wechselt man die Perspektive. Das schult die Fähigkeit, sich in einer kritischen Distanz zu verschiedenen Philosophen zu bewegen und schmälert die Chance, dass man irgendwann aus fehlender Spannung heraus eine philosophische Position zur eigenen Weltanschauung erhebt.

Zugleich sollte man in alledem immer auch das eigene Denkproblem im Blick behalten. Es geht nicht darum, sich aus den bestehenden Positionen das Beste herauszupicken. Sondern bei ihnen in die Lehre zu gehen, um irgendwann die Kraft zu haben, dieses eigene Denkproblem zu entwickeln.

Wer lernt, in der Weise verschiedener Philosophen zu schreiben, der hat es leichter, einen eigenen schriftlichen Ausdruck zu finden. Deswegen ist es keine Schande, wenn sich die eigenen Hausarbeiten zu Beginn so lesen, als hätte ein billiger Abklatsch eines bestimmten

Was ist ein Problem?

Philosophen sie verfasst. Wichtig ist nur, dass man die eigenen Gehversuche weder überschätzt, noch unterschätzt.

Wer sie überschätzt, neigt irgendwann dazu, sich in einen bestimmten Stil zu verlieben und ihn deswegen für bedeutsam zu halten. Und wer sie unterschätzt, sucht vielleicht nach Stilidealen, die versprechen, klarer und deutlicher als alle anderen zu sein, die das für sich selbst aber nur dadurch erreichen, dass sie genau das, was Philosophie anschaulich macht, als unnötig oder schwammig herausstreichen.

Wer verschiedene Philosophen kennenlernt, versteht auch, wie unterschiedlich sie die Denkprobleme angehen, die sie haben. Manche umkreisen es und entwickeln ihren Lösungsvorschlag quasi spiralförmig. Andere nehmen es erst einmal auseinander und schauen sich die Bestandteile genauer an. Wieder andere orientieren sich an Philosophen aus der Tradition, deren Denkproblem ähnlich aufgebaut war.

Manche Philosophen gehen von einem Denkproblem aus und entdecken dann erst im schriftlichen Ausdruck, dass es sich um ein ganz anderes Denkproblem handelt, als sie zunächst angenommen hatten. Diese Vielfalt von vornherein einzuschränken, nimmt einem die Möglichkeit, den eigenen Ausdruck frei – und vielleicht auch irgendwann virtuos – entwickeln zu können. Anders gesagt: Man muss einem Philosophen nicht glauben, damit man etwas von ihm lernen kann.

Denkprobleme können auch der Ausgangspunkt für die Lektüre philosophischer Texte sein. Von ihnen auszugehen eignet sich ganz besonders dann, wenn man bereits die Darstellung der Problemstellung und der Argumentation eines Philosophen im Blick hat. So eignet man sich nicht nur die stilistischen und rhetorischen Mittel eines Philosophen oder einer Philosophin an, sondern lernt auch, philosophische Werke als argumentative Konstrukte zu durchdringen.

Bevor man zum eigenen Denkproblem den Lösungsweg sucht, kann man sich ansehen und kann beschreiben, wie ein anderer Philosoph diesen Weg geht. Das wiederum hilft dabei, den eigenen Weg mit anderen Augen zu sehen und so vielleicht auf etwas zu stoßen, was man zwar vorausgesetzt, aber bisher noch nicht gesehen hat.

Die Auseinandersetzung mit Texten läuft also auf eine Korrespondenz zwischen inhaltlicher und operativer Ebene hinaus. Wie man schreibt, beeinflusst, was man schreibt. Und womit man sich auseinandersetzt, eröffnet neue Möglichkeiten, dieses Wie anders zu gestalten. Sich »die Schreibe« eines Philosophen anzueignen, ist selten ein durchgängig bewusster Prozess.

Oft sind es die Texte, die einen fasziniert zurücklassen, aus denen man, oft ohne es zu merken, stilistische Anregungen übernimmt. Gerade deswegen ist es auch wichtig, viel zu lesen, um dem eigenen Schreiben nach und nach eine Form geben zu können. Man lernt von anderen Philosophen nicht nur das Schreiben selbst, sondern auch über sie zu schreiben und immer wieder anders über immer wieder andere Philosophen schreiben zu können.

Das Exzerpt

Wer von Philosophen das Schreiben lernen möchte, muss sich aber auch schreibend mit ihnen auseinandersetzen. Bloße Lektüre lässt einen oft überfordert zurück, selbst wenn man sich am Rand Notizen macht oder wichtige Passagen im Text unterstreicht. Das kann dazu führen, dass man einen Text auf vermeintliche Kernaussagen reduziert und dadurch wichtige andere Hinweise wie Aufbau, Struktur, Rückbezüge usw. einfach ausblendet.

Um das zu verhindern, empfiehlt es sich, eine Technik der Wiederdarstellung von Texten zu erlernen. Dabei wird ein Auszug des Textes abgebildet, ohne den gesamten Text abschreiben oder auf einzelne Aussagen reduzieren zu müssen. Das macht es möglich, längere Texte auf wenige Seiten herunterzubrechen, in denen man genau das festhält, was man für ein bestimmtes Projekt oder eine bestimmte Frage- oder Problemstellung für wichtig hält.

Ein solches Exzerpt beginnt man am besten mit einer vollständigen Literaturangabe des exzerpierten Textes am Kopf der Seite. Damit lassen sich später verschiedene Exzerpte verschiedenen Projekten zuordnen, ohne ständig mit den eigenen Notizen durcheinanderzukommen. Unter der Literaturangabe lässt man ein wenig Platz, damit man die Möglichkeit hat, später noch etwas zu ergänzen. Das kann eine wichtige Information sein oder eine eigene These, die einem aber erst später in der Lektüre eingefallen ist.

Dann beginnt man mit der Lektüre und notiert sich den Aufbau des Textes in Stichworten, sowie wichtige Zitate. Eigene Anmerkungen zu den Zitaten sollten immer als solche gekennzeichnet werden, damit man später nicht durcheinanderkommt. Außerdem sollte man den Text des eigentlichen Exzerpts ein wenig einrücken, damit man auf der linken (und vielleicht auch auf der rechten) Seite Platz für spätere Notizen hat. So geht man langsam lesend durch den Text.

Das Exzerpt hat den Vorteil, dass der Text nicht durch Anstreichungen verstellt wird, die etwaige Wiederlektüren von vornherein in eine bestimmte Richtung lenken könnten. Das Exzerpt wird eher zu so etwas wie einem beschreibenden Kommentar, in dem erste eigene Gedanken mit einer konzisen Darstellung von Struktur und Kernthesen des betreffenden Textes zusammenfließen. Wer bereits einige Exzerpte angefertigt hat, kann auch Verweise auf diese Exzerpte einfügen und so – wie bei den eigenen Notizen – Zusammenhänge aufbauen.

Die Mitschrift trägt dazu bei, dass man sich an den Aufbau und die Thesen eines Textes besser erinnern kann. Man hat ihn ja sozusagen nachgebaut, mit bescheideneren Mitteln, aber ohne ihn in seiner Grundstruktur zu reduzieren. Wenn man Texte auf diese Weise durcharbeitet, eignet man sie sich an, gewinnt dadurch also einen ganz eigenen Zugang zum Text. Und die Mitschrift bestimmter Zitate gewöhnen das Leserauge und die schreibende Hand an ungewöhnliche Satzstrukturen und erleichtern es, komplexe Zusammenhänge und Schachtelsätze durch Auslassungszeichen aufzulösen.

In ein Exzerpt gehören die zentralen Fragen und Thesen eines Textes ebenso wie der Ablauf der Argumentation und eigene Anmerkungen zur Verknüpfung. Es ist auch ein guter Übungsplatz, um Paraphrasen, also die Wiedergabe des Textes in eigenen Worten, zu erproben. Hinter jedes Zitat aus dem Text setzt man die Seitenzahl in Klammern, um es später im Originaltext leichter wiederfinden zu können. Auslassungszeichen garantieren, dass später nicht falsch oder verzerrend zitiert wird. Und die klare Trennung von Zitaten mit und eigenen Notizen ohne Anführungszeichen verringert die Gefahr einer Verwechslung.

Wichtig ist, dass man jedes Exzerpt sorgfältig anlegt und konsequent bei einer einmal gewählten Form bleibt. Exzerpte lassen sich zudem nicht nur für einzelne Texte anlegen, sondern auch für Sammelbände oder auch als erste Materialsammlung zu einem Oberthema aus der eigenen Projektwerkstatt. So dokumentiert man für sich selbst, im schreibenden Lesen, nach und nach, die eigene Auseinandersetzung mit der philosophischen Tradition.

Fragen und Thesen

Während man sich so mit den Texten auseinandersetzt, wird man immer wieder auf die Fragen stoßen, die schon die eigenen Notizen und Projekte bestimmt haben. Allerdings wird man sie nun nicht mehr nur so stellen können, wie sie einem selber einfallen. Man wird sie auch auf die Weise stellen können, in der Platon, Kant, Wittgenstein, Heidegger oder Quine sie gestellt hätten. Da man die eigene Lektüre im Exzerpt stetig mit den eigenen Anmerkungen begleitet, können die eigenen Fragestellungen an Kontur gewinnen.

Das bestimmt auch die daraus resultierenden Probleme. Wer gelernt hat, Fragen so zu stellen, wie andere Philosophen sie gestellt haben, wird auch ihre Antworten kennenlernen. Damit ist man in der Lage, die ersten eigenen Problemstellungen zu formulieren. Fragen und Thesen, also mögliche Antworten, bilden den Ausgangspunkt für eigene Texte. Vielleicht wird man zunächst damit beginnen, auf die eigenen Fragen die Antworten bestimmter Philosophen auszuprobieren und sie so kritisch nachzuvollziehen. Oder man nimmt die Frage eines bestimmten Philosophen auf und versucht, eine eigene Antwort zu formulieren.

Ein Großteil der philosophischen Forschungsliteratur folgt diesen beiden Möglichkeiten – eigene Fragen mit den Thesen anderer oder die Fragen anderer mit eigenen Thesen zu beantworten. Wer also so beginnt, der kann sich bei anderen weitere Möglichkeiten der Auseinandersetzung abschauen. Das ist ein Grund, nicht nur große philosophische Werke und Monographien aus der Sekundärliteratur zu lesen, sondern auch Aufsätze, die in Sammelbänden und philosophischen Zeitschriften veröffentlicht werden. Sie bieten oft einen Zugang, der sehr detailliert ausfallen kann, während die großen Texte immer an ihren Gesamtzusammenhang gebunden sind.

Je mehr man also liest – und das heißt hier immer noch: schreibend liest, mit Exzerpten liest –, desto mehr Möglichkeiten erschließt man sich für die eigenen Auseinandersetzungen. Bald wird man auf diese Weise die eigenen Fragestellungen, Denkprobleme und Thesen weiter bestimmt und verfeinert haben und so in der Lage sein, die ersten eigenen Gehversuche beim Schreiben zu machen.

Das sich an und mit anderen Philosophen ausprobierende Fragenstellen und Thesenaufstellen hat aber noch einen anderen, nicht zu unterschätzenden Vorteil. Je mehr Philosophen man tatsächlich gelesen und sich mit ihnen auch schriftlich auseinandergesetzt hat, desto abgeklärter wird man auch im Hinblick auf die eigenen Gedanken. Der Eindruck der eigenen Genialität, der sich oft in den ersten Semestern Philosophiestudium einstellt, macht echter Erfahrung im Umgang mit Philosophie Platz.

Wer Philosophen liest und dazu eigene Notizen, Projekte und Exzerpte anfertigt, der geht gelassener in die Diskussion, weil er aus eigenem Wissen schöpfen kann. Das schafft Selbstvertrauen. Natürlich kann man mit diesem Wissen immer noch andere erschlagen. Aber weil man sich auch die zum Teil hochkomplexen Argumentationszusammenhänge angeeignet hat, weiß man um die Aufgabe, die damit verbunden ist.

Die Gedanken anderer darstellen

Der Weg zu den eigenen Gedanken führt also immer auch über die Gedanken anderer. Es ist nicht bloß akademische Fleißarbeit, wenn man von seinem Dozenten die Aufgabe bekommt, ein bestimmtes Argument oder einen bestimmten Textabschnitt darzustellen. Aber wie fertigt man eine solche Darstellung eigentlich an?

Auch hier kann man sich mit der Unterscheidung von Fragestellung und These behelfen. Im Fall einer Darstellung ist die Fragestellung allerdings durch die Möglichkeiten des konkreten Textes begrenzt. Wer ein philosophisches Argument oder einen Abschnitt aus einem philosophischen Text darstellen will, der stellt beispielsweise Fragen wie: Wie verwendet Philosoph X den Begriff Y? Wie funktioniert das Argument Z? Auf welche Philosophen bezieht sich Philosoph X im Text? Wie bewertet er ihre Texte und wie begründet er das?

Die Antwort auf diese Fragen gibt der Text. Die These aber ist nicht der Text, sondern *die eigene Auslegung des Textes und zwar anhand dieses Textes*. Das ist ein zentraler Punkt: Viele Studierende beantworten die oben genannten Fragen einfach mit einem Zitat. Das würde aber die Aufgabenstellung verfehlen. Der Text ist der Ausgangspunkt – die Antwort auf die Fragestellung ist eine Auslegung dieses Ausgangspunktes, den man mit Blick auf diesen Ausgangspunkt rechtfertigen soll.

Als Argument betrachtet, ist eine Textauslegung eine Behauptung über den Text. Und diese Behauptung muss sich am Text als richtig erweisen. Der Leser sollte also, wenn er den Text liest, beurteilen können, ob sich die Auslegung auf den Text bezieht oder ob sie zum Text etwas hinzunimmt und wie sie das rechtfertigt. Wie im ersten Kapitel dargestellt, ist es nicht grundsätzlich ein Problem, einen Text unter bestimmten Voraussetzungen zu lesen. Nur sollte man dann eben diese Voraussetzungen auch anzeigen.

Es gehört zu den grundlegenden Fertigkeiten eines Philosophen, die Gedanken anderer so darzustellen, dass die Darstellung einen Leser überzeugen kann, der den gleichen Text gelesen hat wie man selbst. Der Text ist das Kriterium, an dem allein eine Darstellung dieses Textes gemessen werden kann.

Leider ist diese Einsicht in der Philosophie nicht so weit verbreitet, wie man auf den ersten Blick annehmen würde. Auch weil philosophische Texte oft radikal Voraussetzungen hinterfragen, gehen manche Autoren so vor, als gäbe es gar kein gemeinsames Kriterium zwischen ihnen und ihren Lesern. Sie nehmen philosophische Texte nicht als Zusammenhänge von Behauptungen, Begründungen, Explikationen und Beispielen wahr, sondern als den sekundären Ausdruck eines ursprünglichen Sinns, der aus dem Text erst extrahiert werden muss. Sie fragen dann: Was hat der Autor damit eigentlich gemeint? Was ist der zugrundeliegende Sinn dieser Aussage? Der Text wird zum Mysterium, der Ausleger zu seinem Priester.

Das kann so weit gehen, dass Auslegungen des gleichen Textes einander diametral widersprechen, als spielte der gemeinsam geteilte Text gar keine wesentliche Rolle. Solche Formen allegorischer Auslegung, die zwischen einem offenkundigen Text und einem darin oder dahinter verborgenen Sinn unterscheiden, bringen verschiedene Schwierigkeiten mit sich. Wenn der Sinn eines Textes nicht offenbar ist, muss jeder Kommentar letztlich einen Sinn unterstellen und dann die Passagen im Text suchen, die ihn bestätigen.

Im besten Fall läuft so ein Vorgehen auf die Verdoppelung des Textes hinaus – man wiederholt einfach in einer Paraphrase das, was im Text gesagt wird. Im schlechteren Fall verwechselt man das eigene Verständnis des gelesenen Textes mit dem ihm zugrundeliegenden versteckten Sinn, das Ausgelegte mit der Auslegung. Man erklärt dann von vornherein das eigene Verständnis zu dem, was der Philosoph gemeint haben muss. Weil der versteckte Sinn eben versteckt ist, gibt es kein abschließendes Kriterium, um zu klären, ob diese Auslegung sinnvoll ist oder nicht. Jede Kritik einer solchen Auslegung hat ja wieder nur den Text zur Verfügung.

Flexibel bleiben

Im schlechtesten Fall führt das in eine Inflation von Kommentaren, die alle das eigene Verständnis zum eigentlichen, aber versteckten Textsinn erklären. Da aber diesen Sinn niemand endgültig bestimmen kann, finden sich mit der Zeit andere Kriterien, um wichtige und weniger wichtige Kommentare voneinander zu unterscheiden – z. B. wer am meisten zitiert wird oder wer von jemandem, der bereits wichtig ist, als ebenso wichtig ausgezeichnet wird. Aber ein Kommentar ist nicht deswegen wichtig, gut oder textadäquat, weil er von vielen zitiert wird oder weil eine Lehrautorität das sagt. Er ist Kommentar zu einem Text, und an diesem Text muss er sich messen lassen.

Anstatt also in das Ratespiel der allegorischen Deutung einzusteigen, kann man sich einfach mit dem Text auseinandersetzen, mit dem, was darin gesagt und getan wird. Wenn eine bestimmte Stelle im Text mehrdeutig ist, kann man das anzeigen oder die verschiedenen Deutungsmöglichkeiten durchspielen. Da solche Stellen in einem Kontext stehen, kann man durchaus entscheiden, ob eine Deutungsmöglichkeit in diesem Kontext besser funktioniert als andere. Schließlich schöpft eine Auslegung den Text ja nicht aus. Man kann sie immer noch einmal anders formulieren. So bleibt man im Gespräch über den Text, ganz ohne Mysterium.

Flexibel bleiben

Bereits im ersten Kapitel wurden verschiedene Lektüreinsichten und Analysemethoden genannt, die auch jetzt bei der Verschriftlichung eine Rolle spielen. Anders als bei der Lektüre aber bilden sie nicht den Horizont, vor dem man selbst einen Text versteht, sondern den Horizont, vor dem man einem anderen – dem Leser – das eigene Textverständnis erläutert.

Es gibt entsprechend ganz verschiedene Möglichkeiten, sich schriftlich mit den Gedanken anderer auseinanderzusetzen. Im Grunde kann jede mögliche Fragestellung mit jeder möglichen These verbunden werden. Wenn hier dennoch ein paar dieser Möglichkeiten genannt werden, dann vor allem als Anregung, verschiedene und immer wieder andere Weisen der Darstellung auszuprobieren. Dadurch wird man nicht nur für das eigene Schreiben flexibel. Man kommt auch besser mit dem eigenen Gegenstand zurecht und kann Forschungsliteratur besser einschätzen.

Zwei grundlegende Möglichkeiten wurden oben schon genannt: die eigene Fragestellung mit der These eines anderen oder umgekehrt die Fragestellung eines anderen mit der eigenen These zu verbinden. Wer das beherrscht, kann auch die anderen Kombinationen ausprobieren, die Fragestellung eines anderen mit seiner eigenen These oder der These eines anderen durchspielen oder sie mit eigenen Gedanken kombinieren. Der ständige Wechsel bereitet einen auf die philosophische Königsdisziplin vor: die eigene Fragestellung mit der eigenen These durchspielen und überzeugend begründen.

Aus dieser Kombinatorik kann man wiederum ganz konkrete Formen entwickeln. Man geht zum Beispiel von einem Argument oder einem Problem aus und schaut sich an, was andere dazu gesagt haben. Daraus kann man dann eine Debatte entwickeln: Welche Auslegung oder welches Gegenargument dazu ist überzeugend? Wer widerspricht wem, wer stimmt mit wem überein? Oder man geht von einem Argument aus und versucht selbst, Gegenargumente dazu zu formulieren. Dabei sollte man aber stets darauf achten, dass man das Ausgangsargument wirklich ernst nimmt und es nicht unter der Hand durch einen einfacher anzugreifenden Pappkameraden ersetzt hat.

Man kann aber auch beschreibend vorgehen und einfach einen bestimmten Aspekt im Text darstellen. Das kann ein bestimmter Argumentationszusammenhang sein oder aber der Gebrauch eines bestimmten Begriffs oder einer bestimmten Metapher. Man kann allerlei in philosophischen Texten beschreiben, von der eher literarischen Gestaltung, soweit sie für die Argumentation bedeutsam ist, bis zu miteinander konkurrierenden Auslegungen unvollständiger oder mehrdeutiger Textabschnitte.

Eine andere Perspektive der Beschreibung ist die Darstellung von Zusammenhängen zwischen philosophischen Texten. Wie bezieht sich Philosoph X auf Philosoph Y? Betrachtet er ihn als Autorität oder betrachtet er ihn kritisch? Nimmt er sein Argument so, wie es im Text steht, oder geht er von seiner eigenen Auslegung aus? Auch Philosophen sind Leser und auch ihnen unterlaufen Fehler in der Lektüre. Manchmal scheinen sie absichtlich ein Argument bei einem anderen Philosophen zu verzerren, um sich davon abstoßen zu können. Dann sagt ihre Auslegung dieses Arguments vielleicht mehr über ihr eigenes Denkproblem als über den Ausgangstext aus.

Wenn man schon mehrere Texte zu einem Thema gelesen hat, kann man versuchen, die Entwicklung eines bestimmten Begriffs oder einer bestimmten Problemstellung durch einen historischen Zeitabschnitt hindurch zu verfolgen. Auch Diskussionszusammenhänge zwischen Philosophen lassen sich so darstellen.

Dabei sollte man darauf achten, die historischen Zusammenhänge nicht auf die eigene Zielvorstellung hin zu verbiegen, sondern sie so ernst zu nehmen, wie sie in der historischen Forschung gegeben sind. Die Geschichte ist so vielfältig, dass eine beliebige Auslegung alles und sein Gegenteil behaupten kann. Deswegen ist für eine historische Darstellung nicht nur historisches Wissen, sondern auch gute Quellenkenntnis und historisches Methodenbewusstsein wichtig.

Wer einen Text kontextgebunden darstellen will – also unter Rückgriff auf bereits bestehende und als Hintergrund angenommene Kontexte –, sollte diese Kontexte so darstellen können, dass ihre Voraussetzungen und Zusammenhänge deutlich werden. Auch und gerade dann, wenn diese Kontexte die eigenen philosophischen oder alltäglichen Überzeugungen betreffen, müssen sie für den Leser nachvollziehbar werden, denn er kann unsere Gedanken nicht lesen. Erst wenn er diese Kontexte kennt, wird es ihm möglich, die Argumentation, die wir vorlegen, angemessen zu beurteilen.

Von der Notiz zur Präsentation

Wer einen Text schreiben will, muss sich zuerst eine Fragestellung und (mindestens) eine mögliche These dazu erarbeitet haben. Sie sind der rote Faden, der alles Weitere bestimmt. Dabei müssen Fragestellung und These noch gar nicht besonders, immerhin aber so konkret sein, dass sie die Auswahl der zu lesenden Literatur und die Lektüre leiten können. Die eigenen Notizen und Exzerpte dienen dabei als fester Boden, auf dem man steht, um neuen Boden zu erschließen. So ausgestattet, kann man zum Beispiel die folgenden sieben Schritte gehen, um von der Notiz zur Präsentation im Text zu kommen:

(1) Recherche und das Erstellen einer ersten Bibliographie

Der erste Schritt zu einem guten Text ist eine gute Recherche. Deswegen sollte man sich mit der Funktionsweise der elektronischen Bibliothekskataloge vertraut machen. Dabei darf nicht vergessen werden, dass dort vor allem die Literatur der letzten 20 Jahre erfasst ist. Darüber hinaus gibt es noch altmodische Zettelkästen, in denen man vielleicht genau die Literaturangaben findet, die man gesucht hat. Ziel ist es, ein Verzeichnis der zu sichtenden Literatur zu erstellen, eine Bibliographie. Sie sollte nicht zu knapp bemessen sein, aber auch nicht mehr als vielleicht 20 oder 30 Titel umfassen, damit man sie auch sinnvoll bewältigen kann.

(2) Sichten der Literatur und Erschließung des Themas

In einem zweiten Schritt macht man sich daran, die so erfasste Literatur zu sichten. Das bedeutet noch nicht gleich: ausführlich zu lesen, sondern eher in den Texten »herum« zu lesen, die Einleitung oder den Schluss anzulesen und sich von Literaturangaben im Text oder im Literaturverzeichnis leiten zu lassen. Dieses »Herumlesen« ist deswegen wichtig, weil es einem dabei hilft, das Thema, das man sich für eine Arbeit ausgesucht hat, zu erschließen. Dabei darf ausprobiert werden – wo man nicht weiterkommt, hört man auf und fängt einen neuen Text an. Wichtiges oder Interessantes wird notiert und begleitet die weiteren Schritte, damit man eventuell darauf zurückgreifen kann.

(3) Eigentliche ausführliche Lektüre der Texte

Erst wenn man so einen groben Überblick über die Literatur gewonnen hat und ungefähr weiß, welche Texte man in welcher Reihenfolge lesen will, beginnt man mit der eigentlichen ausführlichen Lektüre. Bis dahin hat man einige Texte aus der anfänglichen Bibliographie ausgesondert, andere vielleicht dazugewonnen. Am besten beginnt man mit Lexikon-Einträgen zum Thema, etwa aus dem *Historischen Wörterbuch der Philosophie,* oder man liest sich zu historischen Themen den entsprechenden Abschnitt aus dem *Grundriss der Geschichte der Philosophie* durch.[3]

Egal wie man anfängt – als Faustregel kann man sich merken, stets vom Allgemeinen zum Konkreten hin zu lesen. Je allgemeiner die Darstellung, desto besser eignet sie sich als Hintergrund für das, was man dann näher in Erfahrung bringen will. Dabei sollte man jedoch stets im Auge behalten, dass die einzelnen Texte nicht alle

---

[3] Vgl. zu beiden Werken den entsprechenden Abschnitt in Teil I zur philosophischen Lektüre, S. 32–33.

vom selben Autor verfasst wurden und dass die einzelnen Autoren nicht alle dieselbe philosophische Sichtweise vertreten.

Manchmal widerspricht ein Text, in dem man Konkreteres zu erfahren hofft, in seinen Voraussetzungen dem allgemeineren Text, den man sich zur Grundlage gemacht hat. Auch deswegen sollte man Geduld mit sich, der Lektüre und dem eigenen Textprojekt haben. Um die Spannungen zwischen den einzelnen Texten auszuhalten, braucht man eine gewisse Toleranz – und die gewinnt man insbesondere über eine klare eigene Fragestellung und eine These, die das eigene Lesen anleiten.

(4) Anlegen von Exzerpten und Lektürenotizen

Wie genau man sich Notizen oder Exzerpte zu den gelesenen Texten anlegt, muss jeder für sich herausfinden. Der Autor dieser Zeilen liest etwa einen Text mit Notizblock und Bleistift und notiert ein Kurzexzerpt, also nur den Anfang und das Ende des zu zitierenden Zitats, sowie eigene Notizen mit Abkürzungen. Dadurch kommt man schneller durch den Text. Im Anschluss daran werden die eigenen Notizen sauber in ein Exzerpt übertragen, was den Effekt hat, dass man die eigene Auswahl und die eigenen Gedanken noch einmal überdenken und den Text noch einmal lesen kann.

Da man die Literatur anhand der eigenen Fragestellung ausgesucht hat, sollte es nicht schwerfallen, die einzelnen Exzerpte miteinander zu verknüpfen. So hat man schon nach wenigen Texten ein Verweissystem zur Hand, in dem sich wichtige Zitate, eigene Ideen, weiterführende Literaturangaben und erste Zusammenhänge zeigen, die für die spätere Textentwicklung wichtig sind. Je enger man im Exzerpt am Text bleibt, desto besser kann man außerdem die Exzerpte für ein Projekt auch für andere Texte nutzen oder als Ausgangspunkt für weiterführende Lektüre zum selben Autor nehmen.

(5) Erstellen einer Gliederung

Wenn man aus der Lektüre und den eigenen Notizen und Exzerpten eine Vorstellung davon hat, wie der eigene Argumentationsgang ungefähr verlaufen soll, kann man sich daranmachen, eine Gliederung zu erstellen. Die Gliederung ist das Gerüst eines Textes, das man nach und nach mit Inhalt füllt. Rein formal besteht ein Text aus

Einleitung, Hauptteil und Schluss. Davon geht man aus und beginnt dann, den Hauptteil feiner zu gliedern.

Nehmen wir an, man will eine Arbeit über Platons Höhlengleichnis schreiben. Dann beginnt man vielleicht zuallererst damit, dem Leser zu erklären, in welchem Dialog er das Höhlengleichnis findet und welche Funktion es dort ungefähr erfüllt. Diese allgemeinere Orientierung hilft, die konkretere Darstellung auf ihr aufzubauen. Man beschreibt etwa, am Text entlang, den Ablauf und die zentralen Punkte des Textes. In diesem konkreten Beispiel wären die zentralen Punkte etwa die verschiedenen Phasen des Gleichnisses.

Die Auslegung des Textes ist Dreh- und Angelpunkt des eigenen Textes, denn mit ihrer Hilfe kann man dem Leser sowohl eigene Beobachtungen im Text deutlich machen, als auch die Kritik an anderen Auslegungen plausibel machen, die vielleicht bestimmte Stellen übersehen oder anders einschätzen. Auf die Darstellung des Ausgangstextes folgen dann vielleicht verschiedene Forschungspositionen zu diesem Text. Auch hier besteht der erste Schritt darin, die Position darzustellen und erst im zweiten Schritt, mit Blick auf den Text in der eigenen Auslegung, kritisch zu betrachten.

Nach der Darstellung des Ausgangstextes kann man aber auch eigene Fragen an den Text richten oder Thesen zu der betreffenden Passage aufstellen und am Text überprüfen. Auch hier spielt die Darstellung von Forschung eine Rolle, aber da sie selbst nicht direkt Gegenstand ist, kann man sie in den Anmerkungen – Fuß- oder Endnoten – mitlaufen lassen. Das zeigt dem Leser an, dass man die Forschung wahrgenommen und gelesen hat, nun aber eine eigene Position entwickelt. Ist diese eigene Position im Text dargestellt, kann man sie wiederum an der bestehenden Forschung überprüfen und Übereinstimmungen oder Unterschiede herausstellen.

Diese verschiedenen Möglichkeiten – Darstellung des allgemeineren Kontextes, Darstellung des konkreten Ausgangstextes, Darstellung der eigenen oder der Forschungsposition dazu, Diskussion dieser Positionen am Text entlang – spielt man vor der Niederschrift des Textes durch und gewinnt dadurch die Gliederung. Der Hauptteil wird zum Beispiel in drei Teile gegliedert: einen einleitenden Teil mit dem allgemeinen Kontext, einen darstellenden Teil, in dem der Text für den Leser dargestellt und ausgelegt wird, und einen argumentierenden Teil, in dem verschiedene Positionen, Fragestellungen und Thesen diskutiert werden. Dadurch wird die Gliederung eine Art »Leadsheet« für die Abfassung des geplanten Textes.

(6) Schreiben

Mit dem Schreiben beginnt jeder anders. Manche Leute schreiben Arbeiten tatsächlich nach langem Nachdenken von vorne nach hinten in einem Zug. Andere entwerfen einen ersten, unfertigen Text und feilen ihn dann in verschiedenen Überarbeitungsschritten aus. Wieder andere bauen den Text im Baukastensystem von innen nach außen zusammen.

Diese letzte Variante ist deswegen von Vorteil, weil man die anstrengendsten Teile – die Darstellungen bestimmter Textpassagen – zuerst macht und dann von dort aus den Rest schreibt. Man beginnt bei der Pflicht und endet bei der Kür. Man kann es auch umgekehrt machen und sich von leichteren Textpassagen zu den schweren vorarbeiten. Aber von den schwereren Textpassagen auszugehen hat den Vorteil, dass man den Rest des Textes nicht wieder umarbeiten muss, wenn man während der schriftlichen Analyse unerwartete Beobachtungen macht.

Wie man auch immer vorgeht – wichtig ist, dass man sich selbst Stützpunkte schafft, von denen aus man weiterschreiben kann. Das kann eine erste, noch unfertige Einleitung sein, um ins Schreiben zu kommen. Oder ein Zitat oder eine Notiz aus einem Exzerpt, die den leitenden Gedanken besonders deutlich machen. Solche Hilfestellungen kann man dann später immer noch löschen oder zu selbständigen Teilen umarbeiten.

Wer im Baukastensystem schreiben will, kann mit den Darstellungen der Textpassagen beginnen, um diese dann einzubetten in den größeren Kontext. Zu einer reinen Textanalyse schreibt man nachträglich eine Hinführung, die dem Leser deutlich macht, warum man jetzt genau diesen Text auf diese Weise analysiert. Diese Textinseln verbindet man wiederum mit der Frage und der These, die die Arbeit aufwerfen und aufstellen will. Dann schreibt man den allgemeineren Teil, der insgesamt zur Darstellung von Text und Forschung hinführt. Weil man diesen Aufbau schon kennt, kann man solche Texte, die dem Leser Orientierung bieten, punktgenau an den eigenen Darstellungen enden lassen.

Als nächstes verfasst man den Teil, der sich mit der Forschung, der Anwendung von Fragestellung und These oder mit der Aufgabenstellung auseinandersetzt, die mit dem Text verknüpft ist. Dabei bietet die eigene Textdarstellung immer wieder den Ausgangspunkt – und der Leser kann jeden Diskussionsbeitrag auf den Text beziehen, den er gerade gelesen hat. Solche Rückbezüge machen die Arbeit kohärent und helfen, unnötige Exkurse oder gar Simulationen von Gelehrsamkeit zu vermeiden.

Ist der Hauptteil geschrieben, macht man sich zunächst an den Schluss der Arbeit. Hier wird noch einmal das Wesentliche zusammengefasst, weshalb man den Hauptteil bereits vorliegen haben sollte. In den Schluss gehören auch eigene Einschätzungen, die abschließenden oder ausblickenden Charakter haben, sowie ein Verweis auf das, was man mit der Arbeit zeigen wollte.

Nach Hauptteil und Schluss überarbeitet man die Gliederung noch einmal und zieht Absätze und eine Überschriftenordnung ein, die den Text sinnvoll gliedern. Die Überschriften können aus Schlagworten bestehen, die im nachfolgenden Text besprochen werden, oder aber nach der Dramaturgie geformt sein, die man vorher für den Text festgelegt hat. Sie haben unter anderem die Funktion, dem Leser Sinnabschnitte zu signalisieren und ihm die Möglichkeit zu geben, von der Textlektüre einen Moment abzusetzen, um das Gelesene besser einordnen zu können.

Die endgültige Form der Einleitung schreibt man zuletzt. Denn nur dann, wenn man schon weiß, was kommt, kann man den Leser dorthin an- und einleiten. Viele Einleitungen beginnen mit einem Zitat, in dem das Thema der Arbeit anklingt. Ein paar Zeilen zu diesem Zitat oder dem, was in ihm angesprochen wird, reichen aus, um den Ton der Arbeit zu setzen und dem Leser einen ersten Eindruck davon zu vermitteln, was ihn erwartet.

Auf diesen »Appetizer« folgt die Fragestellung und die These der Arbeit, durchaus als Absichtserklärung. Das ist wörtlich gemeint: Man erklärt dem Leser, was man vorhat. Je deutlicher man Fragestellung und These formuliert, desto leichter wird es ihm fallen, zu beurteilen, ob man diese selbstgestellte Aufgabe erfüllt hat.

Diese Angaben werden ergänzt durch die Methode, nach der man vorgeht. Macht man eine Textanalyse oder untersucht man Begriffsverhältnisse? Stellt man eine Entwicklung oder eine Argumentation dar? Gibt es eine historische Einordnung oder eine systematische Auseinandersetzung? Beantwortet man solche Fragen, erhöht man zwar für sich selbst die Beweislast, macht es dem Leser oder der Leserin aber auch einfacher, den vorgelegten Text nachzuvollziehen.

Nachdem der Leser nun weiß, wonach wir fragen, was wir antworten wollen und wie wir dabei vorgehen, geben wir ihm noch eine kurze Gliederung des folgenden Textes. Natürlich kann er diese

Gliederung auch während der Lektüre nachvollziehen. Aber je mehr wir ihm erklären, was ihn erwartet, desto weniger Gelegenheit hat er, über Unerwartetes irritiert zu sein.

(7) Formale Angaben zum Text: Literaturverzeichnis, Gliederung, Deckblatt

Wenn Einleitung, Hauptteil und Schluss geschrieben sind, vervollständigt man die Literaturangaben im Text und fertigt ein Gesamtverzeichnis der verwendeten Literatur an. Dieses Literaturverzeichnis hängt man an den Schluss an, um einen schnellen Überblick zu ermöglichen. Dasselbe tut man mit der Gliederung inklusive der Seitenzahlen, die den Ort der verschiedenen Überschriften angeben. Sie kommt vor die Einleitung, die selbst mit in der Gliederung aufgeführt wird.

Im letzten Schritt erstellt man ein Deckblatt, auf dem der Titel der eigenen Arbeit und der Name des Autors oder der Autorin angegeben sind. Bei Hausarbeiten an der Universität gehört die volle Adresse inklusive Matrikelnummer, der Titel des Seminars und Name sowie Titel des Dozenten, schließlich das Datum der Abgabe mit auf das Deckblatt. Dadurch erleichtert man es den Dozenten, die viele hundert Hausarbeiten korrigieren müssen, sie ihren verschiedenen Seminaren und Studierenden zuzuordnen.

Der Dialog von Text und Leser

Die Kunst, eine gute Hausarbeit – und später gute philosophische Texte – schreiben zu können, hat auch damit zu tun, wie gut man auf den möglichen Leser oder die mögliche Leserin eingeht. Wer leserfreundlich schreibt, das eigene Vorgehen erklärt und dem Leser Orientierung bietet, hebt sich bereits von der Masse derjenigen ab, die sich um mögliche Leser keine Gedanken machen und nur ihr eigenes gedankliches Innenleben abbilden wollen.

Viele Philosophen überschätzen ihre Leserschaft, z. B. darin, dass nicht jeder von vornherein die eigenen Voraussetzungen teilt. Dasselbe gilt für Begriffe und Fremdwörter oder den Satzbau. Was dem Philosophen als völlig einsichtige Darlegung eines komplexen Arguments erscheint, ist für den Leser ein unverständlicher Schachtelsatz, bei dem man am Ende vergessen hat, wo am Anfang das Subjekt ist.

Diese, für beide Seiten frustrierende, Erfahrung hat in der Philosophie immer wieder zu einer freiwilligen Selbstbeschränkung geführt. Statt komplexe Gedankensysteme zu schreiben, fällt man in das andere Extrem und behandelt Fragen und Thesen an der Grenze zur Trivialität. Beide Extreme machen auf den Leser nicht selten den Eindruck einer ars gratia artis, einer Kunst um der Kunst willen, die außerhalb ihrer selbst vollkommen sinn- und zwecklos wird.

Dabei kann man diesen Eindruck oft schon dadurch minimieren, dass man dem Leser etwas an die Hand gibt, mit dem er den Text begleiten kann – eben eine Fragestellung, eine These, eine Aussage zur Methode usw. Auch den Eindruck von Unverständlichkeit oder unnötiger Kompliziertheit kann man zumindest abmildern, indem man am Ende eines Kapitels noch einmal die Ergebnisse rekapituliert. Der konsequente Gebrauch von Begriffen und einfachen Wiederholungen zentraler Punkte tragen dazu bei, die einzelnen Teile aufeinander zu beziehen und sie so dann eben auch dem Leser erscheinen zu lassen.

Zu Beginn wurde gesagt: Ein Text besitzt immer auch eine Dramaturgie, also einen planvollen Ablauf, der bestimmte Abschnitte in Szene setzt und auf verschiedene Weisen Zusammenhänge herstellt. In jedem Text lassen sich die verschiedenen Teile ganz unterschiedlich aufeinander beziehen. Je leichter man das dem Leser macht, desto größer ist die Chance, dass er im Text auch Dinge entdecken kann, die man nicht explizit thematisiert. An sie kann er wiederum mit eigenen Fragestellungen und Thesen anschließen – und so ermöglicht ein Text schließlich einen Dialog zwischen Philosophen, die durch ihre Texte miteinander im Gespräch bleiben.

Übung, Übung, Übung – und Spazierengehen!

Wie auch bei der Lektüre und der Diskussion gilt auch beim Schreiben: Die Übung macht den Meister. Wer gute Texte schreiben will, muss erst einmal schlechte Texte schreiben und viele davon. Je öfter man die Kunst einübt, einen Text sinnvoll und für den Leser nachvollziehbar aufzubauen, desto besser wird man darin.

Aber das Schreiben ist nicht immer eine asketische Tätigkeit. Wenn man nicht mehr weiter weiß, muss man nicht brütend vor dem Text sitzen, bis einem wieder etwas einfällt. Geistige Tätigkeit ist zwar, nach einem berühmten Wort von Thomas A. Edison, »ein

Prozent Inspiration und neunundneunzig Prozent Transpiration«. Aber das heißt nicht, dass immer das eine zum anderen führt.

Oft kommen einem die besten Ideen unter der Dusche, beim Einkaufen oder vor dem Einschlafen. Es ist manchmal gerade die Entspannung, der wegfallende Druck, etwas leisten zu müssen, die uns wieder kreativ macht. Auch Tätigkeiten, die als eintönig wahrgenommen werden, können dabei helfen, den Motor wieder zum Laufen zu bringen. Apropos Laufen – Sport oder ein langer Spaziergang können auch nicht schaden. Statt also die Gedanken auf das Blatt zwingen zu wollen, verordnet man sich lieber einen geistigen Tapetenwechsel und setzt später noch einmal neu an.

Manchmal hilft es aber auch, einen Schritt zurück zu gehen. Vielleicht liest man noch einmal einen Text, der einen philosophisch besonders inspiriert hat. Oder man spricht mit jemand anderem über die eigene Arbeit. Sehr oft sind es dann gar nicht so sehr die Ideen, die das Gegenüber formuliert, sondern die eigenen Erklärungen, die einen auf neue Gedanken bringen. Jemandem etwas zu erklären, erfordert ja gerade, dass man einen bestimmten Zusammenhang verständlich darstellen kann.

Das Schreiben zu üben, bedeutet also immer auch, sich Schreibpausen anzugewöhnen. Pausen sind kein Versagen, sondern wesentlicher Bestandteil des Schreibprozesses. Schreiben ist anstrengend, echte Arbeit. Man schreibt ja nicht einfach irgendwas hin, sondern schließt damit einen Prozess ab, der von den ersten Notizen bis hin zur kunstvoll aufgebauten Präsentation für einen Leser reicht. Das sollte man denjenigen klar machen, die geisteswissenschaftliche Fächer nur als »Laberfächer« kennen. Man kann ihnen zeigen, welche Arbeit hinter jedem einzelnen Text steckt, den man verfasst, und hinter jedem einzelnen Diskussionsbeitrag, den man in eine Debatte einbringt.

Wie beim Diskutieren und noch mehr beim Lesen lautet auch beim Schreiben die Devise: Nicht aufgeben! Weitermachen! Vertrauen aus dem schöpfen, was man schon gemacht hat, um das zu meistern, was man noch nicht kann. Und wer dieses Vertrauen schon gewonnen hat, der kann es an andere weitergeben, selbst wenn er noch kein Meister ist.

Nachwort

Niemals aufgeben, niemals kapitulieren! – Das ist etwas, was man sich während des Studiums der Philosophie selbst immer wieder sagen muss. Philosophie macht einsam, auch weil man erst einmal die eigenen Gedanken sortieren muss. Später, weil man vielleicht in sich selbst einen philosophischen Gedanken oder ein Denkproblem entdeckt hat und sich nun, für eine Zeitlang, alles darum dreht. Wer Philosophie liest und schreibt, wer darüber nachdenkt und diskutiert, der kann Erfahrungen äußerster Intensität machen. Solche Erfahrungen, die einen ins Herz oder in den Bauch treffen, die das bisherige Weltbild umstürzen, alles von oben nach unten kehren.

Die erste Grundvoraussetzung für die Philosophie, noch vor jeder Bereitschaft zum Lesen, Reden, Schreiben, ist daher: Mut. Den Mut, sich selbst den Boden unter den Füßen wegzuziehen und doch nicht in den Abgrund zu stürzen, der sich darunter auftut. Den Mut, hinter dem scheinbar Komplexen etwas sehr Einfaches und hinter dem scheinbar Einfachen etwas sehr Komplexes wiederzufinden und nicht daran zu verzweifeln, zu zerbrechen oder in Größenwahnsinn zu verfallen. Den Mut, die eigenen Gedanken konstant unter Beobachtung zu halten und auszuhalten, was man sieht, ohne sich in die Sicherheit ein für alle Mal feststehender Wahrheiten zu flüchten. Den Mut, mit einem Wort, von Kant, sich seines eigenen Verstandes zu bedienen.

Doch niemand hat gesagt, dass man das nur für sich tun kann oder muss. Das Fundament der Philosophie ist der Mut des Einzelnen ebenso wie die Freundschaft der Philosophen. Platons Akademie war ein Hain, ein kleines Wäldchen, in dem man den Gott Akademos ehren oder eben unter einem Baum zusammensitzen konnte.

Man kann Platons *Symposion* betrunken am Ufer eines Sees lesen oder Hölderlins *Hyperion* unter einem knorrigen Baum im Park, während die Mittagshitze die Luft flirren lässt. Oder man trifft sich im tiefsten Winter am Kamin in einer Hütte in den Bergen und liest Spinoza und Descartes. Man schafft sich einen Raum, in dem Philosophie lebendig sein, atmen kann. In dem das Gespräch die Runde macht und die Texte von Hand zu Hand wandern. In dem manchmal eifrig ins mitgebrachte Notizbuch gekritzelt wird oder eine Debatte ihren Höhepunkt erreicht und es auch mal laut wird.

Wichtig ist nur, dass man es tut. Dass man sich trifft, über den eigenen Schatten springt, den eigenen Schweinehund überwindet und anfängt. Zu lesen, zu denken, zu sprechen, zu schreiben. Die vorliegende Einführung will darauf Lust machen und zeigen, dass Philosophie beides ist, lebendig und reich *und* trocken und mühsam. Voller Wunder und voller Niederlagen und Anstrengungen. Ein Weg zu sich selbst und ein Pfad, der oft genug ins Nirgendwo führt. Doch solange man dabei nicht alleine ist, wird man immer wieder zurückkehren.

In der Philosophie gibt es noch eine ganze Menge zu entdecken. Viele Philosophen sind bis heute nahezu ungelesen oder nur Thema in abgeschlossenen Expertenzirkeln. Ganze Zeitalter der Philosophie werden heutzutage übersprungen oder mit wenigen Sätzen abgefertigt. Wer sich nicht auf das universitäre Schubladendenken verlässt, auf den warten unglaubliche, großartige, wunderschöne, witzige, aber auch dunkle, bitterböse, traurige Texte – Texte über Schönheit, Freundschaft, Liebe, das Glück, die gute Gesellschaft und das Leben, aus allen Jahrhunderten.

Wir sollten diese Tradition nicht in Bibliotheken und Archiven verstauben lassen. Wir sollten sie wiederaufnehmen, damit denken und arbeiten, Texte darüber schreiben, unvermutete Verbindungslinien zu anderen Philosophen oder gegenwärtigen Problemen ziehen und aus dem Vollen schöpfen. Zu den Quellen zurück und ihr Wasser ins Heutige tragen, die Einheit dieser Vielheit nicht nur bedenken, sondern auch verwirklichen. Die Welt reicher machen, als sie vorher war. Je mehr Mut, desto mehr Mut – je mehr Licht, desto mehr Licht. Und das Licht gewinnt.